广东省教育科研"十二五"规划2015年度研究重点项目成果

# 山区中小学基于云服务在线学习研究

曾令涛　著

SHANQU ZHONGXIAOXUE JIYU YUNFUWU

ZAIXIAN XUEXI YANJIU

武汉大学出版社

**图书在版编目(CIP)数据**

山区中小学基于云服务在线学习研究/曾令涛著 . —武汉:武汉大学
出版社,2021.7
ISBN 978-7-307-22400-1

Ⅰ.山…　Ⅱ.曾…　Ⅲ.山区—中小学—网络教育—研究—梅县
Ⅳ.①G632.0　②G434

中国版本图书馆 CIP 数据核字(2021)第 112890 号

责任编辑:宋丽娜　　　责任校对:汪欣怡　　　版式设计:马　佳

出版发行:**武汉大学出版社**　　(430072　武昌　珞珈山)
(电子邮箱:cbs22@ whu.edu.cn　网址:www.wdp.com.cn)
印刷:武汉中远印务有限公司
开本:720×1000　1/16　印张:14　字数:206 千字　插页:1
版次:2021 年 7 月第 1 版　　2021 年 7 月第 1 次印刷
ISBN 978-7-307-22400-1　　定价:55.00 元

# 前　　言

　　时光荏苒，春种秋实。随着《国家中长期教育改革和发展规划纲要（2010—2020 年）》和《教育信息化十年发展规划（2011—2020 年）》的颁布实施，我国中小学教育教学改革进入以云计算为代表的发展阶段。梅州市梅县区地处粤东山区，中小学教育正处于最为重要和关键的转折期，随着云计算时代的全面到来，各种新的思想、理念、方法和模式对传统的教与学理念产生了巨大冲击。更好地把握教育发展的脉搏、适应云计算时代教育革新的大潮，成为山区中小学教育改革与发展的重要历史使命。

　　让我们感到幸运的是，"山区中小学基于云服务在线学习研究"课题所探讨的主题与当前我国教育改革与发展的取向是一致的，基于云服务在线学习所探讨的是教师如何应用现代信息化技术提供的云平台进行教育教学活动，以及如何让学生在全新的信息化平台中实现自主学习、创新学习，达成知识的构建和拓展，培养和发展学生的学习素养、自学能力、交流能力和创新能力，从而实现教育教学的最终目标。

　　笔者在 2008—2020 年连续进行了山区中小学基于云服务在线学习的研究和实践，该项研究与实践按课题研究目标和时间进展大致可分为 3 个阶段。第一阶段是 2008—2013 年，笔者在梅县区 6 所完全中学、4 所初级中学、5 所小学和 2 所职业学校开展了山区中小学基于 Moodle 网络学习社区在线学习的研究与实验。参加实验的共有 10 个学科、40 多个班级、2000 余名师生。笔者根据山区中小学的实际，将 Moodle 网络社区引入教学实际，初步进行了中小学校运用 Moodle 网络社区进行在线学习，创建了基于 Moodle 网络学习社区"三阶段"—"四环节"课堂教学模式，开展了运用 Moodle 网络学习社区实现课程整合的研究与实验，取得了一批研究成果，形成了一批优秀课例。

第二阶段是在第一阶段的研究基础上进行的深入研究。该阶段借助山区中小学加大信息化建设力度和建设教育强区的东风，笔者全程参与了建设适应教育信息化发展的"三通二平台"工作，并在此基础上开展了山区中小学基于云服务在线学习的研究，在线学习从 Moodle 平台升级到教育云平台。该阶段初期，主要探索山区中小学利用平板和计算机机房开展基于云服务在线学习的途径，而后开展基于云服务在线学习，实现高效课堂的研究与实验。在此阶段，从理论上探索了在线学习"一云三段"教学模式，在实践中形成了一批优秀课例，实现了高效课堂。

第三阶段是在 2020 年上半年，由于新冠肺炎疫情的影响，笔者和广大师生一起利用在前期开展网络社区和云服务在线学习积累的经验，利用信息化技术、网络资源和云平台，积极开展在线教学，使全区中小学迅速开展网上在线学习，实现了"停课不停学"。在全区开展"停课不停学"的在线学习中，梅县区充分调动了全区学校、社会的力量，创造性地采用"双云直播"方式进行课程直播，并在全省首例采用 5 种在线收看方式，确保了全区中小学的在线学习，后期又适时从全区性统一在线学习逐渐转变为适应学校、学科、班级的个性化在线学习，得到社会、家长、学生的欢迎和肯定。整个在线学习活动取得了良好的教学效果和积极的社会影响。

经过课题组成员和实验学校师生的共同努力，课题研究取得了丰硕的成果，主要表现在撰写和发表了一批研究论文，针对具体教学过程设计了很多具有针对性的教学设计方案和教学案例。随着课题研究的深入，培养了一批优秀教师和学术骨干，实现了通过课题研究促进教师专业化发展的良好愿望。

本书由曾令涛著，课题组成员葛小英、林瑛、陈琳、周菊兰、饶增福、曾小凤等老师参加了相关课题的研究，并参与了部分教学设计和教学案例的撰写工作；王志爱、张裕敏、王玲、曾爱勤、黄惠彬等老师参与了课题开展学科、班级个性化在线学习形式的研究和实践，参与了下载、整理、编写有关个性化在线学习操作程序的工作。

　　本课题研究得到了梅县区教师发展中心温荣华主任和梅州市教育局科研办黄昆鹏副主任的大力支持和指导。最后，向所有关心和支持这项课题研究的领导、老师、同事和朋友表示衷心的感谢。

梅州市梅县区教育局教学研究室

**曾令涛**

2020 年 6 月

# 目　　录

# 第一章　山区中小学基于 Moodle 在线学习的研究与实践

## 第一节　Moodle 网络学习社区简介

### 一、Moodle 是什么①

Moodle 本是 Modular Object-Oriented Dynamic Learning Environment（模块化面向对象的动态学习环境）的缩写，程序员和教育理论家经常使用它。使用 Moodle 的人被称为 Moodler。Moodle 是一个课程管理系统（CMS），可以帮助教育者建立有效的在线学习社区，称为 Moodle 网络学习社区，又经常简称为"Moodle 平台"。Moodle 是一个还在不断发展的活跃项目。同时 Moodle 又是一个动词，用来描述一个循序渐进的过程，一个可以引导学习者不断洞察和创造的过程。正因为如此，这个系统不仅应用于 Moodle 的开发，还应用于学生或教师对在线课程的学习或教学，可以帮助教育者建立有效的在线学习社区。

Moodle 重要的特色是以社会建构教学法为其设计基础。Moodle 的在线教学模块采用可自由组合的动态模块化设计，教师组织在线教学就像搭积

① 有关 Moodle 的定义、特征和主要功能来自百度百科。

1

木一样简单。Moodle 支持多种教学模式，可应用在多种不同领域。Moodle 功能强大、易于使用，近年来发展十分迅速，迄今为止，有近百个国家的 2000 余个机构采用 Moodle 网络教育平台。

Moodle 平台界面简单、精巧，使用者可以根据需要随时调整界面，增减内容。课程列表显示了服务器上每门课程的描述，包括是否允许访客使用，访问者可以对课程进行分类和搜索，按自己的需要学习课程。

Moodle 平台还具有兼容和易用性，几乎可以在任何支持 PHP 的平台上安装，安装过程简单。Moodle 平台只需要一个数据库(并且可以共享)，它具有全面的数据库抽象层，几乎支持所有的主流数据库(除了初始表定义)。利用 Moodle，现今主要的媒体文件都可以进行传送，这使可以利用的资源得到极大丰富。在对媒体资源进行编辑时，利用的是所见即所得的编辑器，这使得使用者无需经过专业培训，就能掌握 Moodle 的基本操作。Moodle 注重全面的安全性，所有的表单都被检查，数据都被校验，cookie 是加密的。

用户注册时，通过电子邮件进行首次登录，且同一个邮件地址不能在同一门课程重复注册，所有这些都使得 Moodle 的安全性得到加强。目前，Moodle 项目仍然在不断开发与完善中。

## 二、Moodle 的特征

像许多著名的学习管理系统一样，Moodle 可以管理内容元件，针对教育训练内容进行设计，另外，可以对学习者的历程进行纪录，使教师深入分析学生的学习历程。具体地讲，作为创设虚拟学习环境的软件包，Moodle 的主要特征与功能可从下面几个方面来介绍。

1. 总体设计

Moodle 比较容易安装，可以支持大量的多种类别课程。所有的界面设计风格一致、简单、高效，而且不需要特殊的浏览技能。

2. 网站管理

网站是由安装时定义的管理者来进行管理的。管理者进入"主题"可以设定适合自己的网站颜色、字体大小、版面等。在网站中还有活动模块和 43 种语言包，用以满足不同国家学习者的需求，而且一些代码已经清楚地写入，方便用户按照自己的需求对其进行修改。

3. 用户管理

每一位用户都可以选择一种语言应用于 Moodle 的用户界面，可以指定自己的时区和相关数据，鼓励学生建立一个在线档案，包括相片、个人描述、E-mail 地址，而且这些信息可以依据用户要求不呈现。

如果学习者有一段时间不参加活动，管理员将有记录，其注册将自动撤销。为了安全起见，教师可以设定课程的登录密码，以阻止闲杂人等进入。课程的开设账户仅仅对建立这些课程和教授课程的人公开。

通过将验证模块插件整合到系统中，来支持一些验证机制。学生可以创建自己的登录账号，而其电子邮件地址也将需要验证。

## 三、Moodle 的主要功能

1. 课程管理

①教师可以全面控制课程的所有设置。

②可以选择课程的格式为星期、主题或社区讨论。

③灵活的课程活动配置，包括论坛、测验、资源、投票、问卷调查、作业、聊天、专题讨论。

④课程自上次登录以来的变化可以显示在课程主页上，便于成员了解当前动态。

⑤绝大部分文本(资源、论坛帖子等)可以用所见即所得的编辑器进行编辑。

⑥所有在论坛、测验和作业评定的分数都可以在同一页面查看(并且可以下载为电子表格文件)。

⑦全面的用户日志和跟踪——在同一页面内统计每个学生的活动，显示图形报告，包括每个模块的细节(最后访问时间、阅读次数)，还有参与的讨论等，汇编为每个学生详细的"故事"。

⑧邮件集成——把讨论区帖子和教师反馈等以 HTML 或纯文本格式的邮件发送。

⑨自定义评分等级——教师可以定义自己的评分等级，并用来在论坛和作业打分。

⑩使用备份功能可以把课程打包为一个 zip 文件。此文件可以在任何 Moodle 服务器恢复。

2. 作业模块

①可以指定作业的截止日期和最高分。

②学生可以上传作业 ( 文件格式不限 ) 到服务器——上传时间也被记录。

③可以允许迟交作业，但教师可以清晰地看到迟交了多久。

④可以在一个页面、一个表单内为整个班级的每份作业评分 ( 打分和评价 )。

⑤教师的反馈会显示在每个学生的作业页面，并且有 E-mail 通知。

⑥教师可以选择打分后是否可以重新提交作业，以便重新打分。

3. 聊天模块

①支持平滑的、同步的文本交互。

②聊天窗口里包含个人图片。

③支持 URL、笑脸、嵌入 HTML 和图片等。

④所有谈话都记录下来供日后查看，并且也可以允许学生查看。

4. 投票模块

①有点像选举投票。可以用来为某件事表决，或从每名学生得到反馈 ( 例如，支持率调查 )。

②教师可以在直观的表格里看到谁选择了什么。

③可以选择是否允许学生看到更新的结果图。

5. 论坛模块

①有多种类型的论坛模块供选择，例如教师专用、课程新闻、全面开放和用户话题。

②每个帖子都带有作者的照片，图片附件内嵌显示。

③可以以嵌套、列表和树状方式浏览话题，也可以让旧帖在前或新帖在前。

④每个人都可以订阅指定论坛，这样帖子会以 E-mail 方式发送。教师也可以强制每人订阅。

⑤教师可以设定论坛为不可回复（例如，只用来发公告的论坛）。

⑥教师可以轻松地在论坛间移动话题。

⑦如果论坛允许评级，那么可以限制有效时间段。

6. 测验模块

①教师可以定义题库，在不同的测验里使用。

②题目可以分门别类地保存，易于使用，并且可以"公布"这些分类，供同一网站的其他课程使用。

③题目自动评分，并且如果题目更改，可以重新评分。

④可以为测验指定开放时间。

⑤根据教师的设置，测验可以被尝试多次，并能显示反馈或正确答案。

⑥题目和答案可以乱序（随机）显示，减少作弊。

⑦题目可以包含 HTML 和图片。

⑧题目可以从外部文本文件导入。

⑨如果愿意，可以分多次完成试答，每次的结果被自动累积。

⑩题目支持一个或多个答案：包括填空题（词或短语）、判断题、匹配题、随机题、计算题（带数值允许范围）、嵌入答案题（完形填空风格），在题目描述中填写答案、嵌入图片和文字描述。

⑪在 Moodle 中设计的各类题目可以备份，并可以导出，可以在任何支持国际标准的学习管理系统中导入。

7. 资源模块

①支持显示任何电子文档、Word、PowerPoint、Flash、视频和声音等。

②可以上传文件并在服务器进行管理，或者使用 Web 表单动态建立

（文本或 HTML）。

③可以连接到 Web 上的外部资源，也可以无缝地将其包含到课程界面。

④可以用链接将数据传递给外部的 Web 应用。

8. 问卷调查模块

①内置的问卷调查（COLLES、ATTLS）作为分析在线课程的工具已经被证明有效。

②随时可以查看在线问卷的报告，包括很多图形。数据可以以 Excel 电子表格或 CSV 文本文件的格式下载。

③问卷界面防止未完成的调查。

④学生的回答和班级的平均情况相比较，作为反馈提供给学生。

9. 互动评价（workshop）

①学生可以对教师给定的范例作品文档进行评价，教师对学生的评价进行管理并打分。

②支持各种可用的评分级别。

③教师可以提供示例文档供学生练习打分。

④有很多非常灵活的选项。

## 四、Moodle 评价

应用 Moodle 创设的虚拟学习环境中有 3 个维度：技术管理维度、学习任务维度和社会交往维度。技术管理维度是指提供会谈的空间和交流的工具。学习任务维度是指与课程学习有关的学习材料、资源和活动等。社会交往维度是指参加者需要通过经常性的联系来维持一定程度上的互相关心和理解，从而形成对整个群体的归属感和社会情感纽带。因为这种社会交往使成员在学习中获得满足感，有助于群体的形成和保持，因而对学员的学习有积极的促进作用。无论是作为学习者登录到 Moodle 网站，还是作为管理者应用 Moodle 创建自己的课程网站，都可以从这 3 个维度对这一软件进行评价。

Moodle 的一个重要特色就是以社会建构主义教学法为设计的理论基础。它允许师生或学生彼此间共同思考，合作解决问题。在这些过程中与他人互动或与教师互动时，学生很自然就能建立概念，因为他们在交谈时共同创造出一个可论述的世界和一个共同架构，在其中可以产生沟通，最终实现"集体智慧"和"集体认知"。

1. 技术和管理方面

Moodle 软件对于学习者的计算机技能要求不是很高，只要掌握了计算机的基本操作并会使用 IE 浏览器的人就可以方便地使用；Moodle 还支持各种管理和交流工具，提供学生日志作为个人的收藏空间。另外，Moodle 这一系统有较高的安全性，如前面的用户管理中提到的，在注册成为 Moodle 的用户后，或者当登录到 Moodle 的某一个课程后，系统会自动发一份邮件进行验证；学习者参与某一个课程时，有时也需要课程密码。

但是 Moodle 对技术的依赖性很强，相关论坛上关于学习者被自动取消登录资格，就属于技术方面的问题。所以对于教师或管理者，除了简单地根据提供的变量来设置课程外，还要有一定的技术能力。

2. 学习任务方面

Moodle 与其他的管理系统一样，提供了多样的学习活动和资源，教师可以按照自己的计划，将资源上传到网站，而且学习者可以上传自己认为有价值的资料，这样学习者会处于一个主人翁的地位，参与到资源的建设中，可以提高学习者的积极性。不过，有些资料与用户上传的类型是相似的，所以还需要管理员的有效监控；在应用 Moodle 设置的课程中，特殊的课程网站有特定的版面设计，而且主题特征允许管理者或学生改变虚拟学习环境的外观和感觉，容易使学生进入学习状态。课程被分成几个部分分别完成，包括练习、推荐阅读、测验、讨论等，学生有很大的灵活性进行自主性学习。

不过，这同时也要求学习者掌握一种适合自己的学习方法，在 Using Moodle 这一课程的论坛中曾有学习者不知道登录后该往哪里，因此 Moodle 对学习者的学习能力和自我管理能力还是有一定要求的。值得一提的是，并不是所有的课程都适合这种基于网络的建构性—合作的学习方式，所以教师在创建课程网站时，应该对课程的类型、学习者特征以及学习目标进行综合分析，以达到较好的学习效果。

3. 社会交往方面

针对不同人的不同需求，Moodle 中有不同分类的论坛。学习者在论坛中提出的一些疑难很快就会得到解决，或者针对一个特定的话题展开讨论，在讨论交流的过程中不断学习。这与 BBS 论坛等交流工具相类似。

对于教师或者管理者而言，在创建自己的课程网站时，Moodle 随时有专用术语的解释与引导，可以使教师对课程的安排有一个清晰的思路。无论是哪个论坛，都需要学生的积极参与，同时还要求老师能对学生的问题及时给予指导和提出建议。因此，如何调动学生的积极性也是老师应该考虑的问题。

Moodle 虽然作为课程管理系统软件，但是并不能解决学习者所有的线上学习问题，仅能作为对学生使用内容进行管理的"框架"或"引擎"。很多时候，其课件制作工具和讨论工具无法胜任实现整个线上学习规划，所以它应被视为用其他工具和系统创建内容的"起始点"和一种有效的管理平台。

对于现有的教学实践，课程管理系统软件仅限于使其自动化，故而永久地保存。不过，Moodle 也可以作为学生的一个知识管理系统，储存所学的各门学科资源，进而很好地对学习内容进行管理。

虚拟学习环境的创设是远程教育一直探讨的问题，如何建立一个有效的、交互性强的网上学习环境，使学生得到高质量的远程学习，始终是远程教育实践者和管理者需要不断深入研究的问题，仅有理论指导是不够的，迫切需要有相应的技术支持。同时，人们已经注意到，目前在我国各省市进行的新课程改革，急需可供一线教师操作的具体的方法和策略，能够实施具体日常教学活动的平台和环境。Moodle 这个课程管理和学生学习环境管理平台，给我们提供了一条有效的解决途径。

# 第二节  运用 Moodle 网络学习社区开展在线学习活动

由于 Moodle 网络学习社区具有强大的网站管理、课程管理和学习管理功能。教师通过 Moodle 网络学习社区可以轻松创建自己的信息化课程。在 Moodle 网络学习社区教学环境中，教师首先要转变教学观念，从过去的呈现教学内容转变为给学生提供学习资源，并通过设计教学活动，给学生提供学习路线图。教师则转变成为指导学生利用资源进行探究学习的导师，真正体现教师的主导作用。可以说，教师利用 Moodle 网络学习社区进行课程设计的过程，就是深入体验新课程改革"以人为本"教育理念的过程，也是实现教学创新的过程。

在信息技术课教学改革中，通过课前、课中、课后三方面运用 Moodle 网络学习社区开展信息技术课堂教学，可以取得良好的教学效果。

## 一、Moodle 网络学习社区在信息技术课课前的应用

Moodle 网络学习社区在课前的应用主要体现在两个方面：一方面是教师创建一个网络课程；另一方面是创建的网络课程可供学生通过互联网在家里预习教学内容，学生还可以将预习成果在网站发表或通过互联网与同伴进行交流。

1. 建立主题格式的信息技术课程

运用 Moodle 网络学习社区创建课程时，通常有 LAMS 课程格式、SCORM 格式、社区格式、主题格式和星期格式等课程管理模式。而星期格式、社区格式和主题格式在实际教学中较为常用。星期格式是指课程按星期的方式组织，有一个明确的开始日期和结束日期；社区格式是以一个显示在主页的主论坛——社区论坛为主导，它适合需要更多自由形式的情况；主题格式是指一个"主题"不会有任何时间限制，不需要指定任何日期。

通过教学实践发现选择主题格式设置课程非常适合中小学信息技术课堂教学，每节课程通常分为 6 个部分：作品赏析、设置任务、情景互动、资源站点、作品提交、教学评价。

2. 为每个主题内容添加资源和活动

以《信息技术》初中第二册(下)"第二章 动手创建自己的网站"课程为例，这是一个系列课程，非常适合使用 Moodle 网络学习社区上课，课前老师只需在 Moodle 网络学习社区创建一个"动手创建自己的网站"主题课程，然后可以通过如下主题进行设置。

①网站赏析。可以通过添加资源中的"编写面页"或"链接到站点"来展示一些漂亮的个人网站和班级网站，如 http://shuxia.cc/(苹果树下个人商业网站)、http://class.xhzx.cn/0701/index.asp(兴华中学班级网站-701 班)，通过赏析网站激发学生对创建网站的兴趣，让学生领悟如何定位一个网站功能、如何设计网站页面结构、如何加入网页特效等，为下一步学习网站制作指明方向。

②设置任务。可以通过添加资源中的"编写文本页"来设置教学任务，为学生自主学习明确目标和方向。例如"动手创建自己的网站"课程可以设定 6 个教学大任务，分别是"筹划班级网站""创建网站站点""制作网站首页""制作栏目网页""加入网页特效"和"发布网站"。任务的设置可以分大任务和小任务，以一个单元的任务为大任务，以每节课内的任务为小任务。比如，"筹划班级网站"任务中可以再设 4 个小任务，分别是"设计网站的功能""设计网站的内容结构""设计网站的版面布局"和"设计网站的色彩搭配"。

③情景互动。课前，教师可以根据设置任务的需要创设必要的情景互动，情景互动可以围绕一个主题进行设置，也可以在每个任务下进行设置。师生的互动平台可以通过添加活动中的"聊天室"或"论坛"来实现。聊天室可以实现生生和师生及时交互，还能看见登录聊天室的成员，可请求某一成员及时帮助，聊天室的缺点是只能进行文字交流。而论坛可以通过发帖和跟帖来对某个话题进行讨论，达到一种在线的师生互动或生

生互动，通常运用于课前或课中的教学活动，比如在"设计网站的功能"任务下添加一个"班级网站应该包含哪些功能"的论坛帖，学生就可以在该论坛下发表自己的看法和意见，通过讨论，学生无形中就完成了老师交给的任务。

④资源站点。资源学习站点包含学生必须掌握的知识要点和拓展知识，为学生选择性学习提供保障。我们可以通过添加资源中"显示一个目录"来上传一些网站制作的视频、动画、素材、制作过程文本，也可以通过添加资源中的"编写面页"或"链接到站点"来链接一些素材库、脚本制作等网站。学生可以根据需要选择资源学习站点内容来学习，实施充分体现学生个体的差异性教学。

⑤作品提交。作品的提交可以通过添加活动中的"作业"来实现。教师可以根据学生的层次需要设计基本任务和挑战任务作业提交，也可以分小组设计作业提交，实现各个小组作品放在一个文件夹下。师生可以及时欣赏和评价作品，教师能很方便地掌控学生的学习情况。

⑥教学评价。可以通过添加活动中的"投票""问卷调查"和"测验"来实现，教师可以及时通过 Moodle 网络学习社区分析功能了解学生的知识掌握情况及过程性学习情况。

## 二、Moodle 网络学习社区在信息技术课课中的应用

Moodle 网络学习社区在课中应用的核心就是教师引导学生进入 Moodle 平台，通过学生的自主学习完成学习任务。

### 1. 通过学生自主学习完成教学任务

如"动手创建自己的网站"的教学中，教师在课程中首先进行分组，然后在平台中将每个学生分配到不同的组别。在互动环节，教师只需选中相应的组别，就能将该小组所发的论坛帖集中显示，方便学生之间交流。

第一步：老师首先引导学生进入"网站赏析"主题下的个人网站和班级网站链接，由学生上网打开网站进行欣赏。在传统课堂教学中，只能由教师在多媒体电教平台统一打开欣赏，学生没有选择权。因为每个学生欣赏

作品的角度和分析问题的能力不一样，因此传统教学不能关注到每个学生的个体差异性。使用 Moodle 平台进行课程教学充分考虑了学生的个体差异，方便教师实施差异化教学。

第二步：教师引导学生完成任务设置中的一个又一个任务，碰到问题时学生首先通过"资源站点"主题中的学习资源来获取相关知识和解决方法。比如有的学生不知道如何规划网站的内容，教师就要引导学生到"资源站点"主题的"班级网站内容设置"中去查找，而不是事事都要进行全班统一讲授。而对具有共性的问题，则需通过教师进行网络教学来统一解决。

在学生完成任务的过程中，教师可以主持一些互动活动来调节课堂气氛和调动学生的学习积极性。情景互动主题中的论坛和聊天活动可以实现师生互动和生生互动，让学生在互动中学到知识，在互动中解决问题，在互动中学会合作。比如在"如何搭配网站的色彩"的论坛帖中，网站色彩处理能力强的同学就可以回帖帮助那些色彩处理能力差的同学，教师还可以随时发帖进行指导。这些论坛的回帖可以保留在课程中，记录学生的成长过程。同时，对于精彩的回帖，老师可以置顶或转移到优秀教学帖中，供全班同学参考学习，这对发帖的学生来说，也是一种表扬和激励。在传统的课堂教学中，教师组织互动的形式有限，仅仅以语言行为的互动为主，回答问题的都是成绩好的学生，教师无法照顾全体学生参与活动，达不到师生交流和生生交流的目的，也无法记录学生成长的过程。而论坛和聊天室不同，它和学生日常网上 QQ 交友等活动相似，学生容易接受，并且人人可以在网上发言，而不必担心别人怎么看自己，也不必担心答错话。同时，师生和生生不仅可以在课堂上互动，还可以将互动带到课外。

第三步：网站制作完成后，学生可以通过"作业"模块来提交相应的网站作品，教师可以根据学生的层次需要设计基本任务和挑战任务作业提交；也可以分小组设计作业提交，实现各个小组作品存放在一个文件夹中。师生可以及时欣赏和评价作品，教师能方便地掌控学生的学习情况。

同时，教师在平台中也可以监控每位学生的作业提交情况，及时掌控课堂教学进程。在传统课堂教学中，学生上传的作品往往被复制到服务器或教师机指定目录中，教师不能及时发现准确的作业提交情况，学生也不能及时欣赏和评价作品。并且，因为没有合适的平台，许多教师上课根本没有要求作品提交。

2. 在课堂中发挥论坛的作用

在教学实践中，教师在课程中用到最多的就是利用论坛的发帖和回帖功能来完成教学中互动的任务，教师在教学中可以结合论坛中的典型问题帖，引起学生的关注、思考和讨论，比如课程中"在班级网站中加入什么特效最适合"的讨论帖，学生在这里可以共享思路、激发灵感、集思广益。教师也可以利用师生互动平台对本堂课进行知识小结，对完成特效制作的小组或个人进行表扬。这样的讨论关注了每一位参与者，使每位学生参与其中，体会成功的快感。论坛的设置也非常灵活，可以在每个主题中设置，就像该节课，可以在网站赏析主题下设置一个"如何着手筹划一个网站"的论坛，让学生边欣赏网站边构思自己的班级网站；也可以在每个任务主题下设置论坛，如在"制作网站首页"任务下设置"网页中一般有哪些元素"论坛，学生经过讨论了解网站元素后再进行网站版面布局就容易多了。

在信息技术课堂中运用 Moodle 网络学习社区实施教学，真正体现了学生是学习的主体，可以有选择性地学习，在讨论中更好地理解知识，在互助合作中学会表达、交流、合作，逐步提高学生解决实际问题的能力和终身学习的能力。另外，教师还可以合理引入游戏，寓教于乐。在 Moodle 网络学习社区中，教师可以充分利用论坛模块创设情景，激发学生积极进行讨论，使课堂生动有趣。

3. 在课堂中实施多元化的教学评价

在小组活动中，可以添加活动"投票"来选出小组的优秀网站作品，可以通过添加活动"问卷调查"来了解学生的学习进程，可以通过添加活动"测验"来考查学生对网站设计基本原理知识的掌握情况。教师也可以通过

Moodle 网络学习社区分析功能了解学生对知识的掌握情况及过程性学习情况。

新课程非常重视评价的多元化，在信息技术 Moodle 网络学习社区的课程中，教师可以多在评价上出点子，激励学生自主学习。比如，在学生完成任务的过程中，对完成得又快又好的学生可以进行加分，对"好为人师"的学生可以升级用户权限，让他做辅导老师。Moodle 平台中的作业模块可以记录学生上传作业的时间，教师可以通过论坛或组织主题聊天的形式将信息反馈到每个学生的作业页面，并可通过 E-mail 通知。教师也可以决定打分后是否可以重新提交作业，以便重新打分。

新课程强调教学评价的综合性，强调过程性评价和终结性评价相结合，强调评价主体、内容、目标的多元化，强调评价重心的转移。在评价过程中，教师不仅应关注学生的学习结果，还应关注学生求知、探究和努力的过程，注重鼓励引导学生积极主动参与评价，开展自评、互评活动。

教师可以适当利用档案袋评价等过程性评价方法对学生进行评价。在Moodle 平台中，根据学生上传的作业，教师可以对学生进行监控，实施过程性评价，通过测验模块，可以对学生进行终结性评价。

## 三、Moodle 网络学习社区在信息技术课课后的应用

一堂课的结束并不是学生学习的结束，Moodle 网络学习社区为课后学习提供了可能，学生课后通过互联网进入 Moodle 网络学习社区，可以提出更多问题或疑惑，教师也能在课外及时得到学生的意见反馈，了解学生当前的疑惑或需求，为下节课的教学策略提供依据。学生也不再局限于教室学习，可以通过网络跨越时空进行学习。对信息技术感兴趣的学生可以利用课外时间通过 Moodle 课程的拓展学习获取更多知识，Moodle 为信息技术爱好者的特长发挥提供了良好的平台。

Moodle 网络学习社区作为一种网络课程平台，对培养学生的学习兴趣、提高学生自主学习的能力，创新信息技术课堂教学，提高教学有效性

都有很大影响。将 Moodle 网络学习社区这种课程管理系统运用到信息技术教学实践中，充分利用该平台的开放源代码，该代码简单易用、功能强大，可以灵活呈现教学目标和教学内容，还可以设计组织多种教学活动，营造健康和谐的学习环境，激发学生的学习动机，促进学生主动参与，自主探索，合作交流，获取信息技术知识，同时培养学生创新性地使用信息技术的精神和实践能力，形成良好的信息情感、态度和价值观，从而促进学生的全面健康发展。

# 第三节 基于 Moodle 网络学习社区"三阶段"—"四环节"课堂教学模式的研究①

## 一、Moodle 网络学习社区"三阶段"—"四环节"课堂教学模式

在网络平台上，教师怎样上课，学生怎样学习，怎样才适合山区中小学校的教学？通过多年实践研究，笔者创建了基于 Moodle 网络学习社区"三阶段"—"四环节"课程教学新模式，利用该模式可有效实现在网络教室上课，较好地实现各学科的课程整合。"三阶段"是指课程安排分为"课前—课中—课后"三个阶段，"四环节"是指在课堂教学活动中抓好"登—学—议—评"四个环节。

Moodle 网络学习社区"三阶段"—"四环节"课堂教学模式，如图 1-1 所示。

1. 课程安排"三阶段"

"课前"阶段，教师的任务是根据学科课程整合的要求，设计好网络课程内容，添加好学习资源和活动内容，并在 Moodle 平台上备课，学生则根据教师布置的学习任务，在课前进入 Moodle 网络学习社区进行有针

---

① 曾令涛. 基于 Moodle 的"三阶段"—"四环节"教学新模式研究[J]. 广东教学研究，2013(4)。《基于 Moodle 的山区中小学网络学习社区教学应用模式研究》研究成果荣获第八届广东省普通教育教学成果奖二等奖。

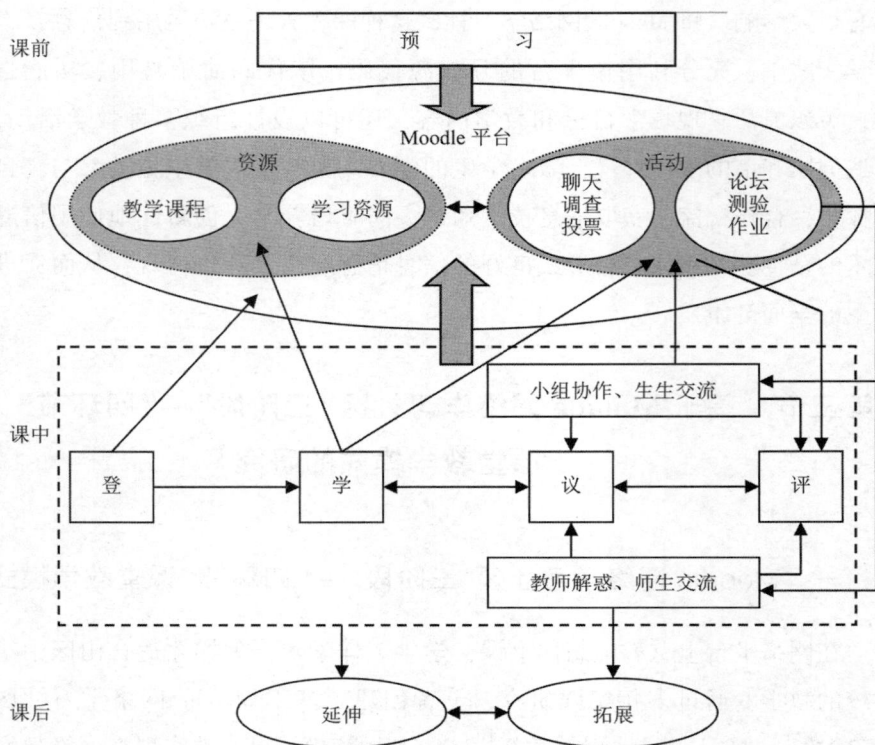

图 1-1 Moodle 网络学习社区"三阶段"—"四环节"课堂教学模式

对性、有目的的预习。预习任务要根据山区的特点和学生的实际进行安排。山区农村中小学校由于学生家庭电脑普及率不高，一般不要安排课外的课前预习。城区中小学校和家庭电脑普及率较高的乡镇，可根据课程内容的多少来确定预习情况，课程按单元划分且内容较多的（比如语文的课外阅读），课前预习可以安排在课前一天或前几天，让学生在课外自主进行预习、上网查找资料等，也可以利用 Moodle 平台的功能让学生在预习期间进行网上讨论或进入论坛发帖和跟帖，对即将上课的学习任务进行预习。

　　"课中"是学生完成知识建构的主要阶段，在该阶段，师生要共同努力，抓好"登—学—议—评"四环节，实现知识的自主建构，完成学习任务。

"课后"则是教学活动的延伸和拓展阶段。让对该学习任务有兴趣的学生和学有余力的学生，通过 Moodle 平台对有关教学内容进行延伸学习，拓宽视野，以满足不同层次学生的需要，该阶段或安排在课堂教学结束前的 5~10 分钟，或安排在课后课外进行。

2. 教学安排"四环节"

很明显，完成教学任务的目标最主要的阶段是在"课中"，在这个阶段要切实抓好"登—学—议—评"四个环节。

"登"是指登录 Moodle 平台。基于 Moodle 网络学习社区的教学活动都是在 Moodle 平台中进行的，因此上课时，要求学生快速登录 Moodle 平台，进入相关课程。

"学"是指学生进入课程后利用课程资源完成学习的过程，因为 Moodle 课程设计的一个特色就是所有教学内容都是围绕"资源"+"活动"来完成。在此过程中，既有教师的教，更多的是学生自主学习、自主探究地学。例如，学生进入所选课程后，就可以在资源区浏览相关的教学内容，并通过进入教师设置的主题"聊天室"或"论坛"来进行师生交流或生生交流。这些都是发挥学生自主学习、自主探究的最重要的步骤。

"议"是学生在自主学习过程中，如遇到不解之处，可以在聊天室和同学进行讨论，对学习任务的见解可以在论坛中发帖和跟帖，也可以向教师请教，开展师生交流。"议"的环节可以充分调动学生学习的积极性，充分拓展学生的思维，培养学生的科学素养。同时也能充分培养学生的团队协作精神，真正实现师生互动、生生互动。通过自主学习活动，如学生认为自己已经完成学习任务，那么就可以在 Moodle 平台中进入"测验"或"作业"，或提交作品，然后进入"评"的环节。

"评"是指评价完成学习任务的情况。"评"的环节也充满着"议"，可以是学生自评，可以是生生互评，也可以是老师的点评。同时，"评"还可以是知识检验。通过"评"的环节，可以使学生充分体验到学习的成就感，从而进一步调动学习的积极性和主动性。

"登—学—议—评"四环节不仅在"课中"阶段要充分运用，在"课前""课后"阶段同样是有用的。在"课前"和"课后"的学习活动中，同样要先登录 Moodle 平台，然后进入各有关站点去获取有关知识，同样可以和教师、同学开展议论、讨论和评价。"登—学—议—评"四环节是互相关联的，是一个整体，缺一不可。登录 Moodle 平台就是进入"学"的环节，在"学"中有"议"，在"议"中深入地"学"，"评"可检验"学"，也是"学"的深化，"议"和"评"也是关联的，"议"中有"评"，"评"中带"议"。要培养学生善于进入各个站点主动搜寻知识的能力，培养学生敢于发表议论、开展讨论的勇气，敢于评价、正确评价的品质。

在基于 Moodle 网络社区学习"三阶段"—"四环节"新模式教学中，有人认为既然学生都自主学习了，要不要教师就无所谓了。这种观点是完全错误的，在"三阶段"—"四环节"新模式教学中，教师是整个教学活动的组织者，在整个课程安排和课堂教学的实施中，要充分发挥主导作用。新模式的应用对教师的要求不是降低了，而是更高了。在备课阶段，教师要根据教材的实际和学生的实际，认真进行教学设计，要吃透教材，收集资源、创设情景、整合课程、设置任务、解惑释疑、引导评议，并要将整个教学设计放到 Moodle 平台上，为学生自主学习做好素材准备。在课堂教学中，则要循循善诱，引导学生按照"登—学—议—评"四个环节，努力营造以学生学习为中心、师生互动、生生互动的学习氛围，极大地调动学生的学习积极性，使学生真正成为学习的主人。

## 二、Moodle 网络学习社区"三阶段"—"四环节"课堂教学模式教学实例

### (一)教学案例一：高一语文课"《声声慢》(李清照)"

下面以高一语文"《声声慢》(李清照)"课程为例进行演示，如图 1-2

所示。

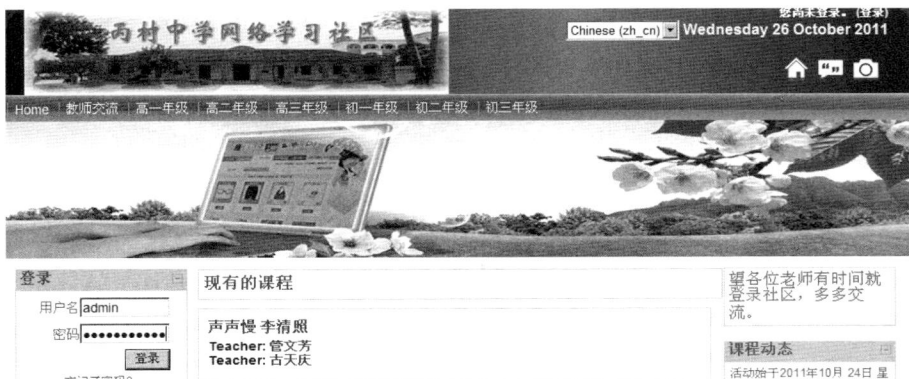

图 1-2　"《声声慢》(李清照)"课程

## 1. 课前

老师布置"教学目标"和"预习任务"，如图 1-3 所示。

图 1-3　"教学目标"和"预习任务"

"预习任务"是通过两个主题论坛来完成，一个是"了解李清照"，另一个是"关于古典诗歌的意象"。"了解李清照"的讨论话题，如图 1-4 所示，上课前一天学生根据教师在网络社区中布置的任务进行预习，在家中或学校电脑室中登录 Moodle 社区，进入"《声声慢》(李清照)"课程。然后在"预习任务"主题论坛中通过发帖和跟帖与老师和同学进行互动交流。

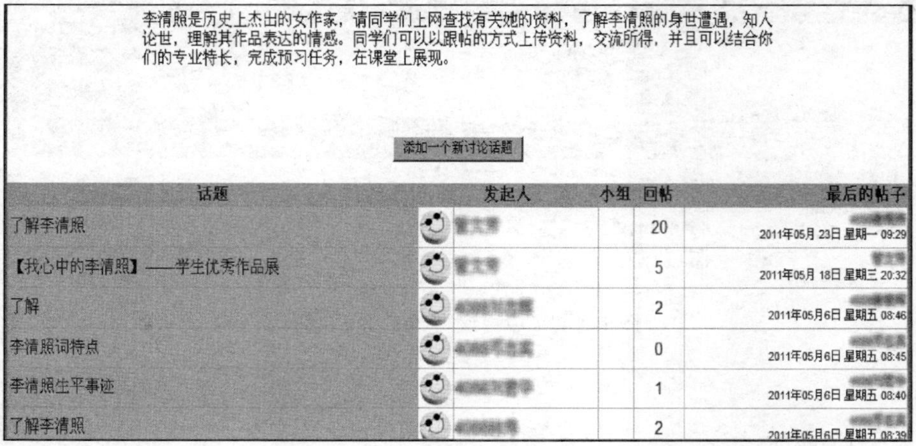

图 1-4　"了解李清照"讨论话题

### 2. 课中

①"登"：每位学生通过学校多媒体电脑室中的电脑登录学校 Moodle 网络学习社区，进入"《声声慢》(李清照)"课程。

②"学"：学生通过课程中"整体感知""分析鉴赏""比较阅读"三个学习资源在教师的引导下进行自主学习和自主探究。在"整体感知"环节，教师首先让同学们一起朗读课文，然后教师通过多媒体控制系统在每台计算机上统一播放《声声慢》配乐诗朗读，让学生通过听读对比，感知意境。"分析鉴赏"和"比较阅读"环节体现了师生的现场互动，在这里，传统的教学优点得到充分发挥，学生在网络社区中学习，既有自主学习的静，又有热情参与的动，做到了传统与创新并存，学生的学习热情得到激发，活跃了课堂气氛，如图 1-5、图 1-6、图 1-7 所示。

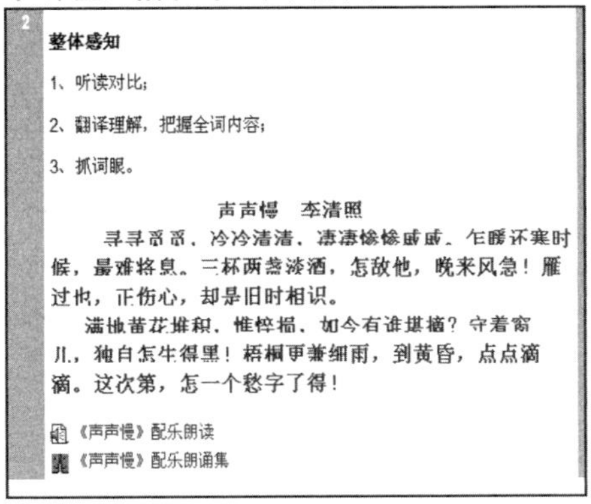


图1-5　"整体感知"环节

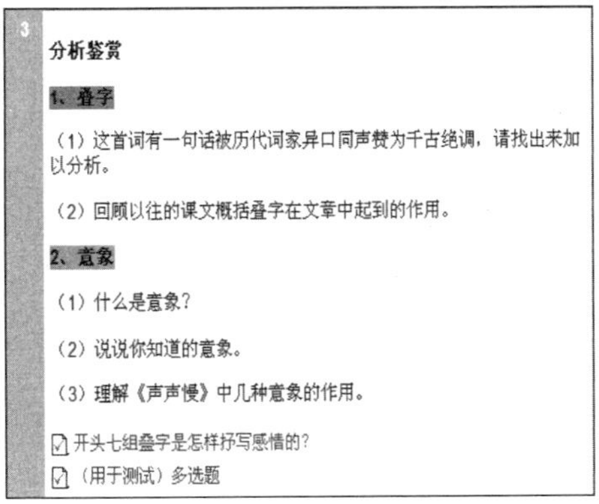


图1-6　"分析鉴赏"环节

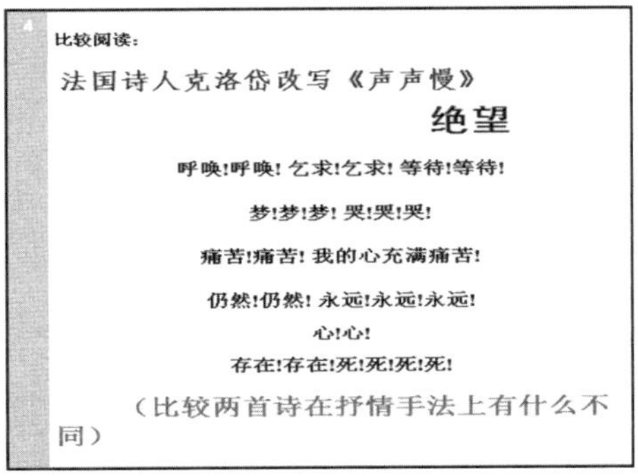


图1-7　"比较阅读"环节

③"议"：学生在学习过程中，"议"无处不在，在"整体感知"中通过听读对比讨论李清照当时的心境；在"分析鉴赏"中讨论什么是意象，以及课文中几种意象的作用；在"比较阅读"中讨论两首诗在抒情手法上的不同。在学生自主建构知识的过程中"议"中有学，学中有"议"。

④"评"：在"分析鉴赏"主题中，教师设置两个测试评价手段来检验学生对知识的理解和掌握程度，分别是"开头七组叠字是怎样抒写感情的？"及"多选题"。其实在"整体感知""分析鉴赏""比较阅读"三个教学过程中评价无处不在，有老师对知识的点评，有同学之间对问题的不同看法等。

3. 课后

老师通过"拓展练习"对课堂教学进行拓展和延伸，通过布置"课后作业"来巩固学生对知识的掌握，如图 1-8 所示。对于"课后"环节，老师可根据课堂中学生的学习情况灵活进行处理，如学生预习充分，课堂上又掌握得比较好，则教师可安排在该课结束前 5 分钟让学生在电脑室中完成"课后"学习内容；如学生学习效果不够理想，则教师可安排在课后让学

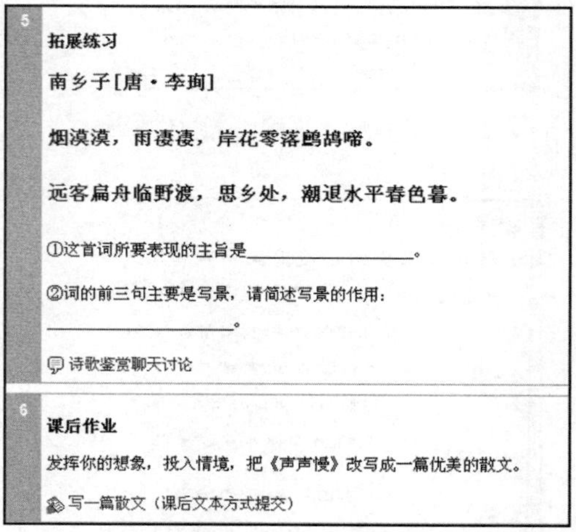

> 5
> 拓展练习
> 南乡子[唐·李珣]
>
> 烟漠漠，雨凄凄，岸花零落鹧鸪啼。
>
> 远客扁舟临野渡，思乡处，潮退水平春色暮。
>
> ①这首词所要表现的主旨是＿＿＿＿＿＿＿＿＿。
>
> ②词的前三句主要是写景，请简述写景的作用：
> ＿＿＿＿＿＿＿＿＿。
>
> 💬 诗歌鉴赏聊天讨论
>
> 6
> 课后作业
> 发挥你的想象，投入情境，把《声声慢》改写成一篇优美的散文。
>
> 📝 写一篇散文（课后文本方式提交）

图 1-8　"拓展练习"环节

生上网完成"课后"学习内容。老师同样可在家中对学生的课后练习进行评价。对于成绩比较好的学生或已掌握课堂教学内容的学生，在课堂中也可自行进入"拓展练习"，并完成"课后作业"，这有利于教师在课堂中实施分层教学。

### （二）教学案例二：高一历史课"我是客家人"

该实验课是高中历史必修三部分的探究活动课"中国传统文化的过去、现在和未来"的拓展延伸，考虑到学校教师所在的地区文化，将本课定位在"客家传统文化的探究"。作为探究活动课，本课的主要教学目标是希望学生利用乡土资源和网络资源，培养学生独立探索和解决历史问题的能力，实现历史与客家传统文化的结合。

1. 课前

为了让学生更好地融入本课，课前要求学生在家登录学校 Moodle 平台，进入课程写一篇与客家社会或文化有关的小作文，题目和字数不限，但要把问题讲清楚。之后根据学生的作文主题，教师课前通过社区将学生进一步划分为人物传记组、宗族源流组、语言文化 A 组、语言文化 B 组、饮食文化 A 组、饮食文化 B 组、综合探讨组共 7 个小组，并要求他们课前在课程的讨论区以发帖形式将作文提交上网。另外，也要求学生通过上网或调查、询问等方式，准确了解一下自己的姓氏来源，郡望何处。

2. 课中

学生"登"录社区后，整个教学过程由 3 个探究活动内容组成，这 3 个探究活动包含了"学""议""评"。根据教师在 3 个探究活动中安排的教学活动进行"学"，在每个活动的论坛进行"议"，通过提交的作业、投票、测试进行"评"，具体安排如下。

探究活动一："客"从何来(时间 10 分钟)

活动内容：学生以小组为单位，上网搜索或调查询问自己的姓氏来源，并把结果以发帖的方式录入电脑，发帖时标题需按照"_____县_____姓，最早来自_____省_____地区，堂联：_____世泽，_____家声"的格式。完成后，教师展示作业成果并点评。点评内容主要是各组完成是否快捷、大部分姓氏的始迁地、格式是否正确、是否出现常识性错误（如始迁地和聚居地混淆）等，并引入"客家人的迁移路线"，介绍历史上客家人的五次迁移情况。

探究活动二：古韵今言（时间 20 分钟）

活动内容：学生就"你对客家语言文化的前景的态度"进行简单投票。教师公布投票结果。之后要求学生完成《客家话考试》（10 道单选题），完成后公布答案并分析各题。然后请学生现场用客家方言朗诵唐诗《乌衣巷》和客家童谣《月光光》，体验客家方言魅力，教师简要小结后播放视频《马英九用客家话朗诵〈乌衣巷〉》。

探究活动三：客家骄傲（时间 15 分钟）

活动内容：学生以小组为单位阅读本小组成员所写的作文，并以回帖的方式投票选出自己喜欢的作文（每人 3 票）。教师给出评分量表供参考，并在结束后展示结果并进行简评。

## 3. 课后

教师在下课前 5 分钟让学生将本节课阶段性成果"作文"上传至新浪微刊《我是客家人》，当然，如果时间不允许，也可以要求下课后回家上传，最后教师在社区进行本课小结。

整个教学过程中，教师根据学生的参与程度、各题完成情况以及学生互评情况对各部分在平台上进行打分，学生可以在课后登录学校 Moodle 平台查询打分情况。学生通过历史课的学习，锻炼上网搜索信息、判断信息真伪和上传作品的能力，通过社区培养学生进行师生交流、生生交流的能力，提高学生的综合信息素养。

## （三）教学案例三：七年级地理课"珠江三角洲地区"

该节课的主要目的是通过 Moodle 网络学习社区调动学生的学习积极性，体验信息技术对学习地理的辅助作用，提高学生学习信息技术的兴趣，通过"课前""课中""课后"三个阶段的安排来完成教学目标，实现课程整合，如图 1-9 所示。

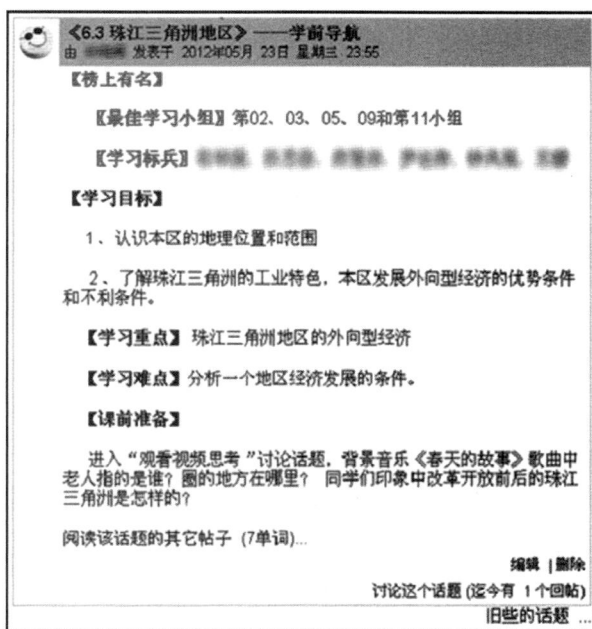

图 1-9　"珠江三角洲地区"课程学前导航

### 1. 课前

首先，通过分析学情，成立合作学习小组——每个小组 4 人，并要求每个组定好名字，比如"越梦组""郭家文学组""步步为营组"等。

布置学习任务：七年级《地理》课本 74 页的"探索活动"要求学生做一

次社会调查，教师在 Moodle 网络学习社区"学前导航"栏先安排学习任务，要求各个学习小组的学生根据兴趣和能力选择学习内容和方式，认真观察并思考，以小组为单位收集信息并设计不同的调查方案，分工合作并制作成表格，然后登录 Moodle 网络学习社区，上传小组的汇总内容。教师根据设定的 12 个小组的作业，评选出"最佳学习小组"和"学习标兵"，让学生获得成功的喜悦。

学生通过上网寻找资料，自主登录学习社区，分析、思考和解决一连串问题，从而提高他们的地理观察和调查能力。生活在梅州山区的学生并不大了解"珠江三角洲地区"工业的实际情况，为了配合学生顺利完成课外学习任务，教师先通过"校讯通"与家长说明学生上网的目的(也难免有些学生借机玩网络游戏)，并上传有价值的资源，以"同伴身份"给予帮助；当学生偏离讨论主题或交流秩序出现混乱时，以"教师身份"进行引导管理。

2. 课中

教师在社区中添加了"读图思考""讨论出点子""学习自评"等学习资源，学生"登"录社区，在活动的引导下"学"，教师通过设置论坛来"议"，通过论坛和测试来"评"，并及时发现和激励学生的闪光点，尽可能多地让学生展现自我，表现自我，如图 1-10、图 1-11、图 1-12 所示。

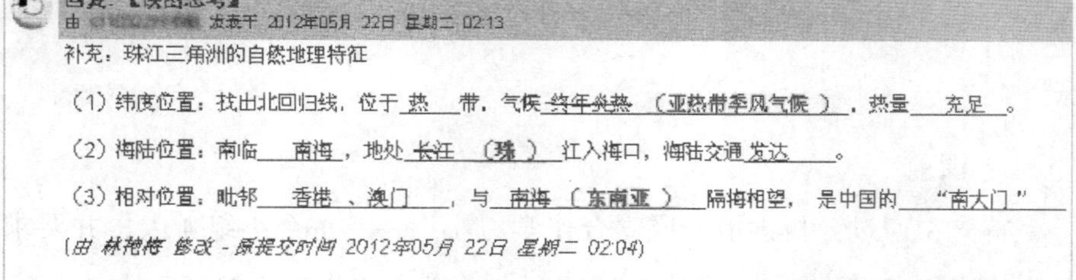

图 1-10  "读图思考"活动

【讨论出点子】
由 发表于 2012 年 05 月 22 日 星期二 09:16
【讨　论】：珠江三角洲地区发展外向型经济除了地理位置优势以外，你认为还有具有哪些特有的优势条件？
【出点子】：珠三角地区发展工业的条件有什么不足之处，是如何解决的？
编辑｜删除｜回复

第08组 回复 【讨论】
由 发表于 2012 年 05 月 16 日 星期三 13:21

1、珠江三角洲地区发展外向型经济具有哪些特有的优势条件？
答：便利的海运、丰富的廉价劳动力、著名的侨乡、香港和澳门位于本区、对外开放政策的支持。珠江三角洲地区正是充分利用这些有利条件，大力发展外向型经济，成为改革开发以来最先发展起来的地区之一。
2、珠三角地区发展工业条件有什么不足之处，是如何解决的？
在珠江三角洲地区不同历史时期，由于经济发展水平不同，城市化进程也有不同的特点。改革开放以前，珠江三角洲地区城市化水平低、城市规模小、城市密度低。改革开放以后，城市化发展具有以下特点：城市化速度快，水平高城镇人口和城镇数量不断增加城镇规模不断扩大形成以广州为中心，包括深圳、中山、珠海等大、中城市在内的城市群。
珠江三角洲地区在快速发展中也出现了许多问题
环境污染严重（大气、水、垃圾、噪声等）
生态破坏严重（如自然生物减少、水土流失）
主要问题：交通拥堵、失业人数增多，社会秩序混乱等。
显示父帖子｜编辑｜分割｜删除｜回复

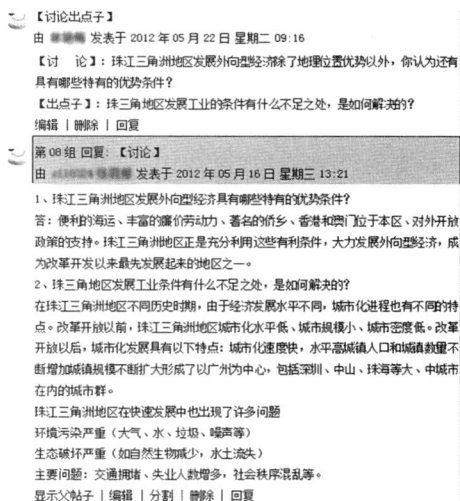

图 1-11　"讨论出点子"活动

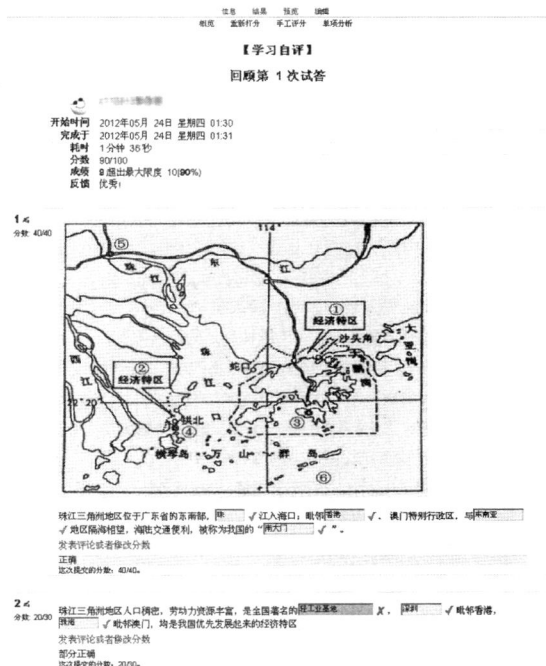

图 1-12　"学习自评"活动

在"读图思考"活动中，教师利用学生求知的内在需求，发动学习共同体的智慧，强化地图的练习，以自主学习为主线，合作学习为重点，过程性评价为保障，提高学生的学习兴趣，鼓励他们提出问题，如同传授学科知识一般，教会学生学习的方法，以及各项合作、人际交往的技能，使他们学会"倾听"和"述说"，学会与人相处。

在"讨论出点子"活动中，学生看到其他小组的讨论结果，在争论辩驳中厘清自己的认识；教师的激励措施跟进时，会让学习小组之间有良性竞争的压力，在获得成功喜悦的同时，最终构建自我评价、同伴评价、教师评价以及社会评价。因为内容贴近实际，引起学生关注并热烈讨论，这时，答案的正确与否已不太重要，重要的是学生已认识到地理知识并不遥远，它就在我们身边，激发了学生主动学习、探究地理知识的兴趣和热情。

在"学习自评"活动中，学生可以在对比辨别中提升自己对专题的认识，检测自己对知识的掌握程度，及时反馈，这就大大提高了教师的工作效率，减少工作量。

3. 课后

在"拓展延伸"活动中，教师通过添加论坛"梅州有什么优势条件承接珠江三角洲的产业转移"来完成，如图 1-13 所示。

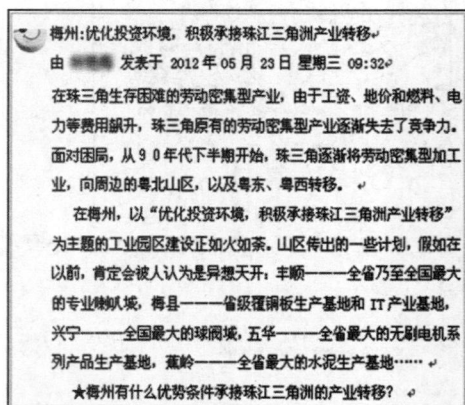

图 1-13　"拓展延伸"活动

通过研究发现，利用 Moodle 平台可以让不同层次的学生拥有同等的参与机会，最大限度地调动学生的学习积极性，还可以培养学生间友好的合作关系。这种教学模式能够充分调动学生的积极性，有效地提高课堂教学效率和优化教学质量。

**(四)教学案例四：五年级音乐课"推动摇篮的手"**

该节课的主要目的是让教师利用 Moodle 网络学习社区的多媒体互动功能，充分运用语言、实物、音乐、画面等手段，创设一种情感和认知相结合、生动真实的教学情境，激发学生积极的情感，让学生在轻松愉快的氛围中有效地获得音乐知识，并在情境中对学生进行个性的陶冶和人格的培养，让学生在教学中了解美、感受美、接触美，并培养学生欣赏美和创造美的能力，形成健康的人格，从而达到音乐和德育的结合。

1. 课前

教师在 Moodle 网络学习社区布置学习任务，引导学生在家上网搜集有关母爱的歌曲、格言、古诗及现代诗，并发布到 Moodle 论坛中。同时，教师在线对学生的预习情况进行辅导。

2. 课中

(1)创设情境

在网络教室进行上课，教师首先让学生伴着阎维文老师的《母亲》这首歌走进教室，在大屏幕上展示的是第一组《让你感动一生》的漫画：当你还很小的时候，他们花了很多时间教会你用勺子吃东西；教你穿衣服、绑鞋带、系扣子、洗脸、梳头发、擦鼻涕、擦屁股，教你做人的道理。让学生重温一些自己当年的稚嫩。接着，教师引导学生说，母亲就是这样慢慢地把孩子养大，细心、耐心地教育孩子的，今天我们来学一首赞颂平凡而又伟大的母爱的一首歌《推动摇篮的手》。再让学生听一遍歌曲，这时学生就能感受到歌曲的思想内涵，牢牢把握歌曲的艺术形象，把自己融入歌曲意境。

（2）感受情境

学生在欣赏《推动摇篮的手》歌曲时，教师让学生带着一颗感恩的心来倾听，细细回忆歌曲里演唱的母亲为我们操劳的每一个细节，因为借助丰富的音乐能让学生感受到内心的感动和感激，以此来培养学生对母亲的热爱之情。然后全班同学进入网络社区，调出乐谱，打着节拍唱一遍，接着，全体同学自由哼唱，教师从中进行指导，最后，男女同学分开合唱，进一步感受母爱。

（3）展示情境

《推动摇篮的手》这首歌旋律比较简单，学生在教师创设的情境中主动愉快地学会了歌曲，教师把容易唱错的地方加以指导就行了。教师在社区资源中添加各种有关"母爱"的歌曲，引导学生上网找到自己最喜爱的歌曲。然后，教师要求学生分组尝试用自己的声音、肢体语言、所学的技能等多种方式来表现所选歌曲的情境，这让所有的学生都能参与到展示自己所掌握的音乐知识和音乐技能上来，尽情分享彼此的快乐，从表演中激发潜能，培养学生丰富的想象力，展示自己最美好的一面，从深情的音乐中抒发来自心灵的真、善、美。

（4）拓展情境

这一环节能将学生充分调动起来，并将课堂推向高潮，这是课堂的深化和延伸。教师首先设置的活动环节是：感受"孕味"。教师准备几个篮球，绑在学生的肚子上，再让他们走动，感受母亲怀孕的不易。其次是歌词创编、演唱方式的创新、歌曲表演方式的改变等环节，让学生在充分享受成就感的同时将对母亲的爱充分展示出来。

（5）升华情境

教师引导学生回忆一下母亲为自己做的点点滴滴，将自己最感动的母爱情境通过论坛与大家分享。教师通过网上问卷了解学生是否记得妈妈的生日、是否帮妈妈做过家务、是否知道妈妈的身高等，并鼓励学生大胆说出最愧对母亲的一件事，学生饱含深情的叙述让很多同学流下眼泪，再趁热打铁，让全体同学齐声说："妈妈，您辛苦了，我爱您!"最后，教师通过网络播放第二组《让你感动一生》的漫画，以习近平总书记牵着母亲的手在校园散步的画面引入，接着是当父母渐渐老去时对孩子说的另一番话：当我吃饭弄脏了衣服、请不要责怪我；当我行动很慢时，请不要催促我，因为你在慢慢长大，而我却慢慢老去……最后，请全体同学一起来念：让我们紧紧牵住父母的手，就像当年他们牵着我们一样；让极其平凡而又深厚的感情留在父母和我们的心中。在这一环节，既锻炼了学生的语言表达能力，又陶冶了学生的个性，完善了学生的人格。

3. 课后

下课后，教师布置作业，上网回答"我最想对妈妈说的一句话"的学习任务，并把回家帮妈妈做家务等活动信息发布到网上，看看谁是最懂事的好孩子。通过这些活动来培养学生的感恩之心。

## 三、Moodle 网络学习社区"三阶段"—"四环节"课堂教学模式实验效果

1. 优化课堂结构

由于 Moodle 网络学习社区中的课程管理设计都是围绕着"资源"+"活动"进行的，每一个教学环节都有大量学习资源供学生自主阅读，在每一个教学环节中教师一般又会安排适宜的活动让师生、生生进行互动。通过及时的评价可以让教师更有效地掌控课堂，使教师真正成为课堂的组织者、引导者。这种课堂结构大大丰富了教学内容，拓展了学生的学习空间，优化了课堂教学。

2. 传统与创新并存

任何完全抛弃传统教学的改革都是失败的，不可取的。在利用 Moodle 网络学习社区组织课堂教学活动中，传统的教学优点得到保留和发展。在网络学习社区中运用"三阶段"—"四环节"教学模式进行教学，可以充分调动学生的学习积极性，培养学生自主学习、自主建构知识的能力，同时又培养学生协作学习的能力。

## 第四节　基于 Moodle 网络学习社区的山区
## 中小学课程整合研究①

### 一、学科课程整合概述

通过中小学教学实现学科课程整合是中小学教学改革的一个重要方面。仅从字面上理解，整合是使若干相关部分或因素成为一个新的统一整体的建构过程，其结果是使系统各要素实现整体协调和相互渗透，使系统各要素发挥最大效益。中小学教学实现学科课程整合，就是根据一定学校的教育任务及一定年龄阶段学生的认知水平，充分发掘各相关学科的内在联系，进行相互沟通、相互渗透，打破学科的樊篱，使学科的教学形成一个有机的整体，实现教书育人的整体目标。

一般来讲，学科课程整合分为跨学科课程整合和相关学科课程整合两大类，跨学科课程整合是把不同的学科组合成一门课程来学习，例如，可以把社会学、人类学、地理学、历史学等串联在一起，形成一门社会学课程；而将数学、生物学、物理学、化学、地质学、天文学等组合在一起，形成综合理科。相关学科课程整合则是在相关学科上寻找关联点，进行有机的整合和学科交叉。跨学科课程整合牵涉面广，关系一个国家的整体教育体制，因此这种整合是国家行为，不是几所学校、几个教师就能解决的。相关学科的课程整合是相对狭义的整合，是在国家教育体制、课程体制已经确立的基础上，在学校、教师、国家课程总体要求的基础上，为更好地实现教学目标，更好地培养人才而采取的行为。本书的学科课程整合就属于相关课程整合范畴。

我国中小学教学实现课程整合的改革，大致经历了 3 个阶段：①中小

---

① 曾令涛. 基于 Moodle 网络学习社区的山区中学课程整合研究[J]. 教育信息技术，2015(7)(8)。

学各学科之间的课程整合；②多媒体技术的应用与各学科的课程整合；③利用网络学习社区实现学科课程整合。

1. 各学科之间的课程整合

20 世纪 80 年代，我国中小学开始了学科课程整合的研究。各学科之间的课程整合主要是在文科各学科之间、理科各学科之间或相关学科之间寻找相互关联的知识，互相联系，进行知识的交叉，从而实现课程整合。例如，在小学语文"走进客家人"综合实践课教学中融入有关政治思想内容（如革命伟人叶剑英、成功人士曾宪梓等人的先进事迹），这样可以加强语文课中的德育教育，培养学生的情感态度和价值观；在理科学科初中化学"燃烧与灭火"课中，老师展示最近广州发生一场火灾的新闻，引导学生思考如果自己是消防员，该采取什么方式进行灭火，这时就可能会遇到物理、化学、生物各学科中相互联系的知识，老师可采取相互渗透、形成交叉的教学方式，以培养学生全面认识事物、分析事物的科学素养；政治课中，对某一政治事件必须联系到时间、地点，须认真剖析其历史因素、地理环境、社会发展等。这一类型的整合是中小学教学改革中，在实现课程整合方面应用得最多和最普遍的。

在多年的教学改革实践中，我们体会到，进行这类课程整合是比较肤浅的、表面的，而且这一类型的整合，往往是教师单方面进行的，是教师在备课时想到了就联系一下、结合一下，不是全方位的、综合性的。学生是被动的、单纯接收式的，没有调动学生学习的主动性，因而也很难达到实现课程整合的目的。

2. 多媒体技术的应用与各学科的课程整合

从 20 世纪末到 21 世纪初，多媒体技术进入中小学，使中小学学科课程整合上了一个台阶。多媒体技术应用到课程整合就是在各学科教学中有效地使用多媒体技术，将教学系统中的各种教学资源和各个教学要素有机地集合起来，将教学理论、方法、技能与教学媒体很好地结合起来，在整个教学过程中保持协调一致，并发挥系统的整体优势，以产生聚集效应，达到提高教育质量和学习效率的目的。

运用多媒体技术实现课程整合有以下优点。

第一，多媒体信息量大且速度快的优势可帮助教师传递大量的信息，教师可以在课前制作好多媒体课件，利用多媒体技术将各学科之间相互联系的部分集合起来，展示给学生，能提供多种形式的训练方法，有利于实现学科内容的整合。

第二，运用多媒体辅助教学有利于调动学生的学习积极性，刺激学生的思维活跃度，让学生一节课有多个兴奋点，使教材和媒体之间优势互补，课件中的跟读、模仿、问答练习、角色扮演等交互式训练，有利于学生认知发展和思维训练。

第三，多媒体的运用可使课堂教学容量相对增大。它集文字、声音、图像和动画于一体，生动直观，还能创设教材难以提供的情景，体现多媒体的综合效果，改善教学环境，优化教学结构。

应用多媒体技术实现课程整合，往往是通过将教学内容制作成多媒体课件的形式来实现的，很多教师自觉或不自觉地认为，编写和制作好多媒体课件备好一堂课，就能实现课程的整合。所以经常出现一上公开课或比赛，就有教师请人帮忙设计课件或美化课件。同时，很多教师在制作课件时，认为课件教学就是体现知识容量大、形象直观，唯恐体现不出电脑能够储存大量信息这一优势，将与课文内容有关的所有材料事无巨细尽数罗列。从形式上看，各学科在知识关联上是十分丰富的，内容的科学性也比较高，但其教学目标、教学内容、教学形式等方面仍以教师制作的课件为主，上课时，幻灯、图片、音像视频、PowerPoint、投影齐上阵，一屏接一屏，令人目不暇接。课堂教学被课件材料牵着鼻子走。学生学习也按照整个课件的结构和一些问题式"标准答案"进行，按照预先设定的模式、思路、线索进行人机交互，学生根本没有足够的时间深入思考，只能顺应设计者的思维方式做一些简单的应答，这种师生互动的效率也是极差的。多媒体课件的滥用反而抑制了学生学习的主动性，甚至限制了学生的思维能力，尤其是学生求异思维的发展，不利于鼓励创新，也与素质教育的原则背道而驰，当然也达不到学科课程整合的目的。

3. 利用网络学习社区实现学科课程整合

进入 21 世纪以后，随着广大中小学硬件设备的完善、校园网的建立、信息技术的发展，中小学学科课程整合也进入一个更高的层次，许多学校开始尝试运用网络学习社区来实现学科课程整合。网络技术的发展使互联网成为一个知识的海洋，网络社区为教师实现课程整合提供了丰富的资源，教师可以通过网络社区为课程整合进行设计和建构，使其成为学生学习的指导者、帮助者、组织者。教师在课前可根据课程整合的要求备好课，将相关的教学资源整理成资源库，通过添加适当的社区活动，让学生自由访问和学习。教师也可以为学生提供适当的参考信息，如网址、搜索引擎等，让学生自己去互联网上搜集素材，引导学生在网络社区进行学习，自主进行收集和分析信息，这样的网络社区为学生的学习营造了良好的探索发现的学习环境。在整个网络社区中，学生在学习某一学科的知识时，可以学习许多与该学科相关联的其他学科的知识，从而获得课程整合的完整知识。学生在占有丰富资源的基础上自主学习并完成各种能力的培养，学生真正成为学习的主体。学生在学习中遇到问题时，一方面，通过网络社区资源库学习；另一方面，可通过网络社区向教师或其他同学请教，实现师生互动、生生互动，由原来知识的被动接收者变成教学活动的参与者和知识建构者，使学生具有获取信息、传输信息、处理信息和应用信息的能力，形成良好的信息素养，促进整体素质的提高。因此运用网络社区是实现中小学学科整合的最佳途径。

网络学习社区有多种形式，例如，新闻组（NewsGroup）、BBS、论坛、聊天室、邮件列表、Blog、Moodle 等。而 Moodle 是网络学习社区中的佼佼者，Moodle 平台功能强大，易于使用，可以作为运用网络社区实现学科课程整合的有力工具。在信息平台上实现课程整合，不仅能很好地解决相关学科的课程整合，而且能实现信息技术学科与其他学科的课程整合。

## 二、梅县区中小学学科课程整合的研究与实践

梅县区地处粤东山区，有完全中学 9 所，初级中学 17 所（含九年一贯

制学校 6 所），镇中心小学、区直属小学 26 所。学校信息技术的普及相对滞后，目前课堂教学活动主要在教室或多媒体电教室进行，教师的教学主要以传统教学模式为主，传统教学模式往往以教师为中心或演变为以课件为中心，学习者被动接收知识。这种一对多的知识传递型传统课堂教学模式，不利于学生自主学习、协作学习能力的培养，也不利于实施分层教学和关注学生个性化成长。

近几年，随着梅县区各乡镇建设教育强区、强镇，各中小学校的计算机室和多媒体电教室也在不断增加，城区中小学多媒体电教室也越来越班级化，这为梅县区充分利用信息技术实现各学科课程整合创造了条件。笔者自 2008 年率先在梅县区中小学课堂教学中引入 Moodle 网络社区以来，实验学校从一开始的 4 所完全中学、3 所中心小学的 7 所学校，发展到现在的 6 所完全中学、4 所初级中学、5 所中心小学和 2 所职业学校，共计 17 所学校，使用 Moodle 网络学习社区的教师从原来的 40 多人发展到现在的 300 多人。在梅县区中小学课堂教学中推广应用 Moodle 网络学习社区是实现课程整合的重要手段，也是实现教学创新、打造精彩课堂和高效课堂的重要手段。通过 Moodle 网络学习社区可以拓宽新课程改革的视野，提高信息技术与各学科课程整合的能力，实现"教"与"学"的革命性变化。同时引导教师将网络社区教学理念带到常规课堂，影响教师的行为习惯。另一方面，目前中小学学生对网络的认识往往局限于游戏和 QQ 聊天，不少学生沉迷于上网玩游戏，教师和家长对此感到十分忧虑和不安。通过网络学习社区的应用研究和推广，将大大提高中小学生对网络的认识，把他们引导到全新的学习环境中，开拓他们的视野，使他们养成充分利用网络资源进行自主学习和创新学习的习惯，大幅度提高教学质量。

近 20 年来，梅县区各中小学在课程整合方面的经历和全国情况相似：一是 2000 年以前的"两机一幕"时代；二是 2000—2008 年"多媒体课件"时代；三是 2008 年到现在的"基于 Moodle 网络社区学习"时代，大致经历了 3 个发展阶段。每个阶段都体现了信息技术的发展趋势，随着信息技术的不断发展，越来越多现代教育技术运用于中小学课堂教学，为实现信息技术与学科整合创造了有利条件。

1. 通过"两机一幕"实现课程整合

在传统课堂"粉笔+黑板"的年代，学生的学习方式非常单一，基本是教师的"一言堂"，学生在课堂上很少学习到书本以外的知识，教师在教学过程中很难形成对学生听觉和视觉的冲击。但这一现象在录音机、幻灯机和大屏幕出现后被打破。有了录音机，英语课、语文课这两科最受益，学生可以听到动听悦耳的范文，幻灯机可以为我们投放各种各样的丰富图片、文字信息，让课堂一下子充满生机活力，同时教师还可以把练习题或测试题投影到大屏幕，大大节约了以前板书的时间，提高了教学效益。这一阶段可以看作学科课程整合的初级阶段和起步阶段。

2. 通过"多媒体课件"实现课程整合

20 世纪末到 21 世纪初，随着计算机技术的飞速发展，电脑、多媒体投影仪、网络进入教室，让我们的生活进入动感时代，课堂不仅有声音、图像，还有动画和视频。越来越多的教师开始学习计算机技术，学习多媒体课件制作，将多媒体技术引入课堂，探索实现学科课程整合的途径和方法。

3. 通过网络学习社区实现课程整合

2008 年笔者承担全国教育科学"十一五"规划课题"基于 Moodle 的山区中小学网络学习社区教学应用模式研究"研究后，首次在梅县区中小学课堂教学中引入 Moodle 网络学习社区，运用 Moodle 网络学习社区实现以课程整合为中心内容的教学改革在全区中小学逐渐开展。通过 Moodle 网络学习社区改变了师生的教与学的方式，由传统教学中以教师为中心转变成以学生为中心，知识传送由原来的一对多到多对多，由学生被动接收知识到学生自主构建知识，学生的个性得到发展，自主学习、协作学习的能力得到提升，并且在网络学习社区的层次上实现了学科课程的整合。

## 三、运用 Moodle 网络学习社区实现课程整合对教师的要求

1. 教师需要学习先进的教育教学理念

要做好学科课程整合，关键是教师要学习先进的教育教学理念，教师

的教学思想、教学方法等都要有极大的提高。教师的责任不在于教，而在于教学生学。这就是最先进、最根本的课堂教学理念。教师的根本任务在于使学习者学会如何学习，学会如何工作，学会如何合作，以及学会如何生存。"考生"是以"学会"为目的寻找已知世界的现成答案者，"学生"是以"会学"为手段探索未知世界者。一字之差，千里之遥。教师的教学理念问题解决后，教学方法也要跟上，在网络学习社区进行教学，一切教学活动都要以"学"为中心来展开，教学设计要从以知识为中心转变为以资源为中心，整个教学资源是开放的，教师对学生的学习是指导者和组织者，学生在网络社区进行完全自主学习。在 Moodle 平台上实现课程整合，要求教师教学思想要开放，备课、上课不能局限于单一学科，要与各相关学科进行融合、交叉，要站在课程整合的高度去思考、去准备，并组织相关的教学活动。

教师在运用 Moodle 平台进行课程整合时，要十分注意把握好整合的"度"。我国中小学现阶段实现学科课程整合主要还是相关学科课程整合，因此在教学中，仍然要注意以本学科为重点，适当联系相关学科，适当进行学科交叉，适当寻找相关学科的关联点，不能为整合而整合，不能为了整合而把知识面无限扩展，否则就会弄得课程整合做不好，本学科的教学目的也无法达到。

2. 教师须熟练掌握常用计算机软件的操作

运用 Moodle 网络学习社区进行教学，需要设计有效的网络课程和上传大量教学资源，教师在课堂教学中需要同学生进行大量文字语言互动，需要快速输入文字、符号、公式及各种图表，因此就要求教师至少需掌握以下几种计算机的操作。第一，必须熟练掌握计算机文字的输入；第二，必须掌握上网浏览、搜索、上传、下载文件或数据的方法；第三，必须熟练掌握简单的课件(如 FLASH 课件、PPT 课件)制作方法；第四，必须掌握简单的网页制作知识；第五，必须熟练掌握 Moodle 网络学习社区的操作要领。

3. 网络课程资源库的建设

要运用 Moodle 网络学习社区实现课程整合，首先，要求教师认真备课，研究课标、大纲和认真研究学情；其次，要设计有效的网络课程，在 Moodle 中添加丰富的教学资源，组织合适的教学活动；最后，才是教师在网络教室组织实施课堂教学来实现课程整合。

要顺利实施网络课程教学，网络课程资源库的建设至关重要，通过资源库的建设，把课程学习内容转化为信息化的学习资源。网络资源库的建设可以通过"资源+活动"来完成，其中资源可通过编辑文本页、编辑网页、链接到文件或站点、显示一个目录、插入标签等形式来添加；活动可通过 WebQuest、Wiki、互动评价、作业、投票、数据库、测验、程序教学、聊天、讨论区、问卷调查、项目学习等形式来添加。

网络资源库的建设是一项长期和巨大的工程，有条件的地区或学校可以组织一批教师来共同建设，也可以通过教改活动，分期分批逐步建设，经过几年的努力，建设基本资源库，各学科教师再在具体教学过程中不断补充，不断完善。

很多教师在网络环境下进行教学时，只是把通过搜索引擎找到的相关网页资源提供给学生，或把大量素材资源罗列在一起。这样，学生在互联网上学习获得的都是无层次、无系统、针对性极差的素材性资源。同时，一些信息垃圾也会给学生带来负面影响。所以，教师在提供相关网页资源前要做好引导学生对无关信息的筛选、过滤工作，有条件的学校可建立"防火墙"或把教育资源下载到学校的服务器上，利用局域网教会学生上网学习的方法，防止学生受到不良影响。

## 四、运用 Moodle 网络学习社区实现课程整合对学生的要求

### 1. 学生需具备一定的信息素养

学生运用 Moodle 网络学习社区进行学习，就要用到计算机和网络。因此要求学生一是要熟练掌握几种常用计算机软件的操作，比如，计算机中英文字的输入方法、Office 或 WPS 办公软件操作、多媒体作品的制作、简单的图片处理技术等；二是要掌握上网浏览、检索、上传、下载文件或数据的方法；三是要掌握 Moodle 网络学习社区的基本操作，了解其基本功

能，比如在网络社区中学生需要用到聊天、作业、投票、论坛、测验、问卷调查等，这些活动方式学生都必须了解和掌握其使用方法。

2. 学生须遵守网络社区规则

在 Moodle 网络学习社区里学习就要遵守网络社区的行为准则，在应用网络学习社区进行教学的研究中，要求学生实名制登录，由于社区会记录学生学习的成长过程，学生的一言一行都被记录在案，因此在师生互动或生生互动时，学生会围绕学习任务进行回答和发帖，有利于学生的学习。同时，学生要遵守互联网行为准则，健康上网。

## 五、运用 Moodle 网络学习社区实现课程整合对家长的要求

运用网络社区进行学习的方式，对大多数家长来说是陌生的，心里没底的。因此家长首先要转变认识，主动去接触和了解网络学习社区，支持孩子的学习。首先，家长要提供一台计算机，并且能够登录互联网。这是在家利用网络进行课前预习和课后拓展的必备条件。对于这一点，城区中小学学生家庭 80% 达标，而乡镇中小学则 30%~40% 达标。经过多年的实践证明，使用 Moodle 进行学习后，上网进行学习的时间越来越多，玩游戏的时间越来越少，如果教师在社区中资源足够丰富和独具特色的话，则学生会更专注网络社区的学习内容，而学生的交流越来越健康。所以，家长要看到网络学习的优点，大力支持学校的课题实验，允许孩子上网学习。当然，家长有空要多进行监督，检查孩子上网学习的情况。

## 六、山区中小学开展学科课程整合实验的几个问题

1. 教师素养方面

(1)很多教师对课程整合的内涵认识较肤浅和片面

很多教师对课程整合还停留在"在课程教学中使用计算机就是整合"这种肤浅的层次上，或认为"用了课件教学就是整合"的片面认识上，认为课程整合只要把计算机应用到教学中就可以了。这些教师目标定位不准确，为了整合而整合，为了用信息技术而用信息技术，从而忽视了学科的主体地位。

（2）教师对学生信息素养的指导不够

在课程整合中，一个重要的目标是培养学生的信息素养，也就是培养学生对信息的获取、分析、加工能力。由于很多教师对学生的信息素养能力仅理解为学会网上浏览、提高打字速度、会发送 E-mail 等，为了培养这种素养，教师也会使用一些网站或平台，提供一些网址，但教师忽视了对学生信息分析、加工、批判、处理或综合运用等能力的培养，使学生不能正确获取、利用信息。

（3）教师对学生学习的调控不够

有些教师在教学中把主体回归的课堂变成了主体放任自流的课堂，放手让学生在网络中自学而不进行监控、在讨论区中自由发言而不围绕主题，导致学生主体极端化的出现。这样，在网络环境下学习的优势不但没有发挥出来，而且连传统教学的任务也没有完成。

2. 教学资源问题

从整体上讲，多媒体课件和网络课程共同存在重教学内容的呈现与讲解，轻学习环境与学习活动的设计；相当一部分网络教学内容的讲解与呈现仍以大量的文字阅读为主，个别的仍存在文字教材搬家的现象；缺乏研究性学习的环节；缺乏协作学习的设计及组织与实施的指导和建议。

很多教师在网络环境下进行教学时，只是把通过搜索引擎找到的相关网页资源提供给学生，把大量素材性资源罗列在一起。这样，学生在互联网上学习获得的都是无层次、无系统、针对性差的素材性资源。同时，一些信息垃圾也会给学生带来负面影响。所以，教师在提供相关网页资源前，要做好引导学生对那些无关信息的筛选、过滤工作，有条件的学校可建立"防火墙"或把教育资源下载到学校的服务器上，利用局域网教会学生上网学习的方法，防止学生受到不良影响。

3. 学校认识问题

随着教育投入的加大，现在很多学校都具备了"整合"的条件，部分学校的硬件设施甚至是非常先进的。但具备了这些条件并做了一些实践后，方知"整合"真的不是那么简单，它涉及很多条件的限制，教师和学生的信息素养就是个"拦路虎"。而这些问题的解决既需要时间又需要得力的措施，很多学校处于观望状态，信息技术与课程整合踌躇不前，对信息技术与课程整合的研究和关注似乎在降温。

作为学生的监护人，父母在课程整合中应当起到积极作用，但有的学校和教师没给予足够的重视。

4. 评估系统方面问题

对课程整合的作用缺乏系统的考核与评估，首先，许多学校还仅仅以计算机的数量、上网速度、学生的计算机技能、教师使用课件的质量和数量等技术指标作为考核绩效的标准，而忽视课程整合应以提高素质教育与创新教育水平为根本出发点和落脚点；其次，考核与评估机制没有制度化、科学化，过于随意化和主观化。

缺乏系统的反馈与不断改进：没有对课程整合问题进行认真研究，缺乏及时反馈，处理问题的态度缺乏客观性，要么对问题大事化小，小事化了，要么就是"一叶障目，不见泰山"，夸大事实，乃至彻底否定课程整合的作用。总之，没从根本上认识到课程整合是一个螺旋上升过程。

5. 其他问题

在课程整合中容易过分依赖网络资源或网络平台，忽视书本资源。网络教育为学生的学习带来便利条件，但学生不能完全依赖网络学习，代替现实情景中的学习。在教学中从来就没有唯一的教学媒体，网络亦然。有很多方法可以提供学习资源(如教科书、实验、教学挂图、图书馆等)，不能认为只有网络资源才是唯一的资源和最好的资源。

## 第五节　基于 Moodle 教学设计案例

### 一、《_____的自述》作文修改

#### (一)教学目标

1. 知识与技能
①通过学习，培养学生修改作文的能力，提高学生的分析能力和语言

表达能力。

②通过学习，培养学生运用 Moodle 网络学习社区实现自主学习的能力和合作学习的能力。

③运用 Moodle 网络学习社区，探索实现语文课与信息技术的整合、语文课与思想品德因素的整合。

2. 过程与方法

以 Moodle 网络学习社区作为教与学的平台，针对习作要求评价习作，并尝试修改习作，感受修改对写作的重要性。

3. 情感、态度与价值观

引导学生体验成功来之不易，感受网络协作学习带来的成功的喜悦，并培养他们勤于思考、精益求精的学习态度。

## (二)教学重点与难点

重点：引导学生利用 Moodle 网络学习社区共同分析、讨论、评改作文，并对同学的作文进行评价。

难点：教会学生修改自己的作文，提高他们的分析能力和语言表达能力。

## (三)课前准备

1. 教师准备

在 Moodle 网络学习社区设置"精彩赏析""会诊中心""素材仓库""绿色导航""自助餐厅""作品展区"等栏目。

2. 学生准备

在教学平台上注册并上传自己的习作到"自助餐厅"，赏析、评价同学的作品。

## (四)教学环节

1. 课前预习(忆——习作要求)

①导入新课，回顾习作要求。

②明确学习任务。

2. 课中学习（赏——精彩赏析）

①登：进入学习社区，打开"精彩赏析"。

②学：a. 指名朗读学生回帖。

　　　b. 小结方法：通过欣赏，我们知道了要写好物品的自述这类作文要注意哪些方面。（指名回答，板书）

③议：a. 打开"会诊中心"，学生读片段后用一两句话说一说读后的感受。

　　　b. 我们该怎样给这个片段添枝加叶呢？可以在哪些地方进行修改？

　　　c. 分组讨论、修改。

　　　d. 全班交流。

　　　e. 小结修改方法。

　　　f. 各自打开"自助餐厅"，了解自助要求。

　　　g. 学生根据要求修改习作。

④评：作品展区

　　　a. 各组派代表打开修改的习作，说一说是怎么修改的，修改后的自我感觉怎么样。

　　　b. 其他同学评价同学的修改结果，将有进步的习作放入作品展区。

　　　c. 其他同学是怎么修改的，你想知道吗？自由点击自己喜欢的文章，采用跟帖回复的方式进行评价。

　　　d. 展示学生评价。

　　　e. 总结。

3. 课后拓展

①课后请同学们继续在学习社区修改自己的文章，对于有进步的文章，教师将其放入作品展区，供大家阅读。

②自由点击其他同学的文章，采用跟帖回复的方式进行评价。

③利用网络搜索相关学生作文杂志的网址、邮箱，将自己的作文在网上投稿。

## （五）板书

《_____的自述》作文修改

富有条理

组成、外观、作用、使用方法

抓住重点

颜色、味道、食用方法、营养价值

语言生动

## （六）教学反思

笔者在 Moodle 网络学习社区进行了一次习作教学的尝试，下面是一点滴体会。

Moodle 的直观性。在我们的 Moodle 网络学习社区，教师事先可以准备好丰富的写作素材：声音、文字、图画等，并提供写作的方法指导。学生可以在教师的组织、指导、激励下，根据自己的兴趣和需求借助网络选择自己喜欢的素材进行在线观察、想象、构思和表达。这样使抽象的作文变得形象直观，学生写起作文来更加感兴趣，同时也降低了作文的难度。

Moodle 的便捷性。利用 Moodle 进行习作教学给语文教学带来的最大优势是教师对学生的作文批改更加便捷而直观。过去传统的作文批改方式，是教师在学生上交的作文本上修改批语，这不但加重了教师的工作负担，而且效率很低，效果还不一定好。现在，利用 Moodle 搭建网络学习平台，可以让学生直接将作文上传到平台上。只要有电脑和网络，就能够让师生随时随地参与作文批改，参与作文赏析，使作文的学习不受时空的限制，使每个学生的作品都有机会得到来自教师、学生的多元信息反馈。

Moodle 的交互性。在利用 Moodle 教学的课堂上适时、适量给学生进行跟帖等形式的开放性交互，学生的观点与想法可以马上找到知音或听到反对声，激发了他们对话语权的渴望，更激发了他们的成就感，让学生更敢于表现自己。Moodle 使得学习不再是一个自我封闭的过程，它的开放性、互动性在语文教学过程中，尤其在强调把学生培养成一个有个性、有创新的人的教育观念中是非常必要的。在 Moodle 中，可以对学生习作进行公开的、即时的评价，肯定成绩，指出不足，提出修改建议，来提高学生对每次习作训练要求的认识，并引导学生借鉴别人的长处，对自己的习作做进一步的修改，从而达到提高学生写作能力的目的。在课堂上，我是这样评改学生习作的：先在学生上传的作品中选择精彩习作进行赏析，与学生共同交流，明确写好作文的方法；然后选择几篇有代表性的习作，师生共同评改、交流；再由学生自主选择习作，通过回复跟帖的方式进行评改，达到相互交流、共同提高的目的。学生在充分听取教师、学生的评改意见之后，利用课内和课外时间将自己的习作反复锤炼、修改，直到满意，然后把完成的习作保存到作品展区。同时，教师也可以鼓励学生进行网上投稿。

附课程主题目录

主题目录

🗫 新闻讨论区　　　　　　　📁 课件 普通文件

🗫 习作目标 讨论区　　　　　🗫 会诊中心 讨论区

🗫 素材仓库 讨论区　　　　　🗫 精彩赏析 讨论区

🗫 绿色导航 讨论区　　　　　🗫 作品展区 讨论区

🗫 自助餐厅 讨论区

## 二、"二次函数的图像及应用"教学设计

### (一)设计思想与理念

利用 Moodle 社区平台创设情境、提出问题、解决问题，实现数学教学与信息技术的整合，把信息技术很自然地作为一种手段运用到课堂中、学习中，实现数学的导学—导疑—导练的教学模式。

### (二)学前分析

①教学内容：普通高中课程标准实验教科书苏教(必修 1)模块第二单元《二次函数的图像及应用》的教学内容。

②硬件环境：多媒体网络电子教室。软件环境：高级中学 Moodle 社区，Excel 电子表格。

### (三)教学分析及策略

授课对象是高一级学生，已经具备了使用 Excel 电子表格的技能，并具备了在 Moodle 平台获取、交流、发布信息的技能。在教学中登录 Moodle 社区：导入教学内容由学生自主学习→讨论、导疑→师生讨论、解决问题→在 Moodle 社区加强练习→小结评价→社区作业，简称"导学—导疑—导练的教学模式"。

### (四)教学目标

1. 知识技能目标

①明确画二次函数图像方法。

②掌握画二次函数图像的关键及图像特征。

③在 Moodle 网络学习社区中使用列表作图法和利用 Excel 电子表格绘制函数图像，培养学生动手能力和信息技术的应用能力。

2. 过程方法目标

学习二次函数的图像表示形式，其目的不仅是加深理解二次函数图像

的特征及类型，还包括研究函数的性质和应用。

3. 情感态度价值观

①让学生感受到学习函数图像的必要性，渗透数形结合思想方法。

②培养学生数学思维与信息技术相结合的思想。

## （五）教学重点

使用列表作图法和利用 Excel 电子表格绘制函数图像，了解图像的特征及类型。

## （六）教学难点

利用二次函数图像研究二次函数的性质和应用。

## （七）学法及教学用具

①学法：学生通过观察、思考、比较和概括，从而更好地完成本节课的教学目标。

②教学用具：圆规、三角板。

③基于"Moodle 社区"建立网络课程。

## （八）教学过程

1. 提出问题，引出新课

学生活动：根据列表法纯手工画出 $f(x)=(x-1)^2+1$ ，$x \in [-2, 2]$ 的图像，见表 1-1。

表 1-1 手工列制函数

| $x$ | -2 | -1 | 0 | 1 | 2 |
|------|-----|-----|-----|-----|-----|
| $f(x)$ | 10 | 5 | 2 | 1 | 2 |

教师提问：

①根据学生画的情况，总结有如下几种，哪一种是正确的？错的错在

哪里？

②利用 Moodle 平台，利用 Excel 绘制函数 $f(x) = (x-1)^2 + 1$，$x \in [-2, 2]$的图像，如图 1-14 所示。对比手工列制的有哪些优势？

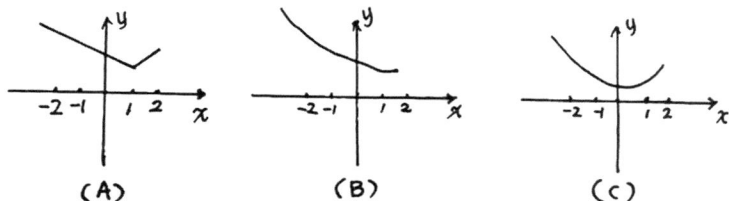

图 1-14　利用 Excel 绘制函数

师生活动：请各个学习小组讨论交流、合作，且根据 Excel 绘制判断图像，同时对比讨论各自的优劣，各小组派代表汇报合作讨论的结果。

设计意图：通过设问方式，充分发挥学生的主动性和动手能力，在合作讨论中发现问题、解决问题，同时也培养学生团结协作的精神。

教师点拨：画二次函数的图像关键。①判断出二次函数的开口方向、对称轴、端点对应的函数值；②连接各点时要用光滑的曲线，不是折线，如图 1-15 所示。

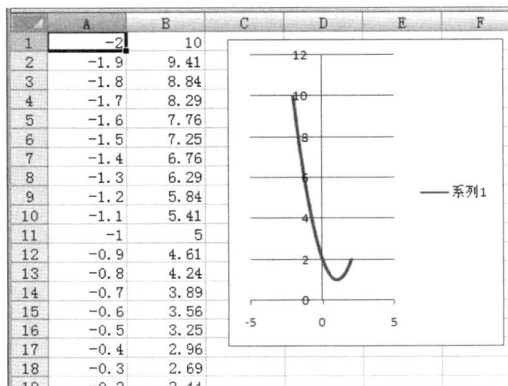

图 1-15　绘二次函数图像

**2. 进一步加强巩固二次函数的各种类型**

提出问题：

①各个学习小组利用 Excel 绘制下列 3 个函数的图像，如图 1-16 所示。

a. $f(x)=(x-1)^2+1$，$x\in[-2, 0]$ 的图像；

b. $f(x)=(x-1)^2+1$，$x\in[1, 3]$ 的图像；

c. $f(x)=-(x-1)^2+1$，$x\in[-2, 2]$ 的图像。

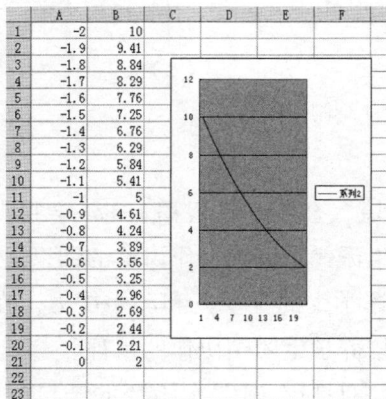

a

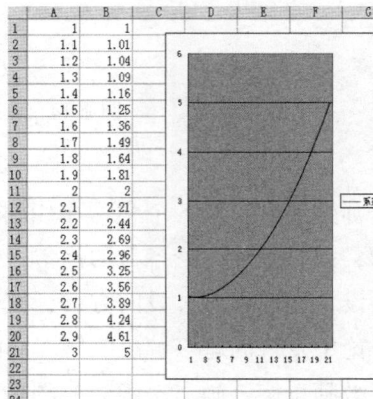

b

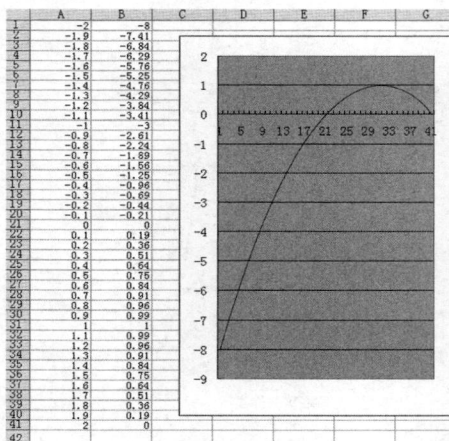

c

图 1-16  函数图像

②各个学习小组根据 4 个二次函数的图像，总结二次函数图像有哪几种类型及哪些特征？

学生探究活动：各小组互相利用 Excel 生成函数图像后讨论二次函数的图像特征和类型。

教师活动：巡回查看学生上机情况，并在论坛在线查看学生回帖情况，对学生错误处进行在线编辑，即时指明错误！

设计意图：通过学生在 Moodle 平台利用具体的图像加深对二次函数图像特征的理解，教师对各小组的完成情况在线批改点评，体现 Moodle 平台论坛的在线交流功能。

教师总结：弹出 4 个二次函数的图像，总结图像特征及类型。函数图像的特征有：开口方向、对称轴、端点值、曲线的趋势。根据曲线的趋势确定函数的类型：单调递减型、单调递增型、先增后减型、先减后增型。

3. 二次函数图像的应用

根据二次函数的图像判断函数的单调性区间，提出问题：

①求 $f(x)=(x-1)^2+1$，$x \in [-2, 2]$ 的单调区间；

②求 $f(x)=-(x-1)^2+1$，$x \in [-2, 2]$ 的单调区间。

学生活动：请各学习小组根据图像进行讨论及作出判断，写出单调区间。

教师点拨：根据图像进行判断，如果在某个区间内呈上升趋势就为单调递增，对应的区间为单调递增区间；如果在某个区间内呈下降趋势就为单调递减，对应的区间为单调递减区间。

根据二次函数图像求二次函数在闭区间上的值域，如图 1-17 所示。

提出问题：a. 求 $f(x)=(x-1)^2+1$，$x \in [-2, 0]$ 的值域；

b. 求 $f(x)=(x-1)^2+1$，$x \in [-2, 2]$ 的值域。

学生活动：请各学习小组根据图像进行讨论及作出判断，写出值域。

教师点拨：根据图像进行判断，如果在某个区间上是单调的，则端点值对应的函数值就是所求的值域；如果在某个区间是有增有减的，则对称轴对应的函数值是其中一个最值，离对称轴较远的端点值对应的函数值是

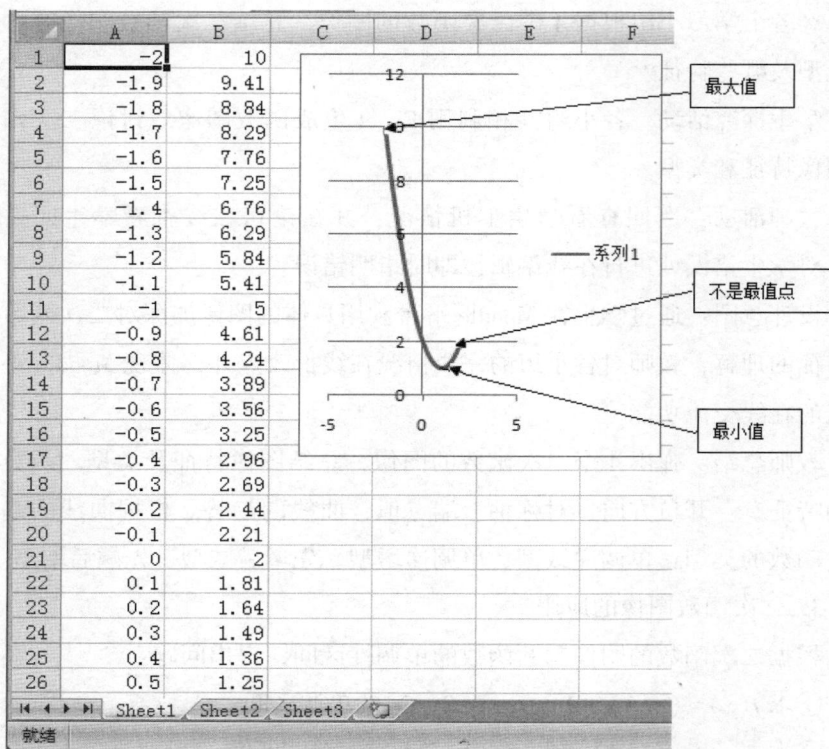

图 1-17　二次函数闭区间值域

另一个最值，两个合起来就是函数的值域。

　　设计意图：用 Excel 电子表格绘制的图像准确清楚，让学生通过图像能够清楚地判断图像的单调性和直观地求出函数的值域。但是在实际中，如果利用上机画图，根据图像去求单调性区间和值域，则耗时较大；利用 Moodle 社区主要是让学生直观地、深刻地掌握函数的图像特征及类型，以及在各种类型图像中求单调性区间和值域的方法，这才是学生要掌握的精髓。

　　4. 练一练

　　学生活动：学生进入练一练环节，利用 Moodle 社区作出函数 $f(x) = x^2+3x+2$，$x \in [-2, 2]$ 的图像、单调递增区间、值域。

教师活动：利用 Moodle 社区的作业功能查看作业完成情况。通过里面的结果可以看到，通过单项分析对学生完成作业情况一目了然，体现了网络社区的即时反馈功能。

教师点拨：本题其实可以用两种方法去解决：①学生利用 Excel 绘制函数的图像，直接作出判断，写出答案；②利用函数图像的特征，对函数进行配方，求出对称轴，判断对称轴在不在区间内，进而判断出函数的单调区间，由此可以求出函数的值域。

5. 课堂小结

本节主要在 Moodle 社区学习了二次函数的图像表示形式，进一步加深理解二次函数图像的特征及图像类型，及利用函数的图像去求函数的单调区间及值域，掌握解决问题的思维方法。

6. 作业

布置作业，如图 1-18 所示。利用 Excel 2003 作出函数 $f(x) = -x^2 + 4x = 2$，$x \in [0, 5]$ 的图像、单调递减区间及值域。

图 1-18 作业

7. 教学反思

本节课在 Moodle 社区里学习，并使用 Excel 软件画函数图像，要求师生有较熟练的计算机操作能力。学生在课堂上始终保持浓厚的学习兴趣，积极探究学习，共同探究发现问题，解决问题，得出结论并加深知识印象，顺利完成学习目标，突出重点，解决难点，收到非常好的教学效果，充分体现了高中数学课程与信息技术结合的优越性。利用 Excel 软件画函数图像，使学生对函数的抽象性化为具体性，能快速掌握图像的特征、性质及类型，对学生以后利用图像解题有比较大的帮助，同时在教学中也渗透了数形结合的思想方法。整体教学流程，如图 1-19 所示。

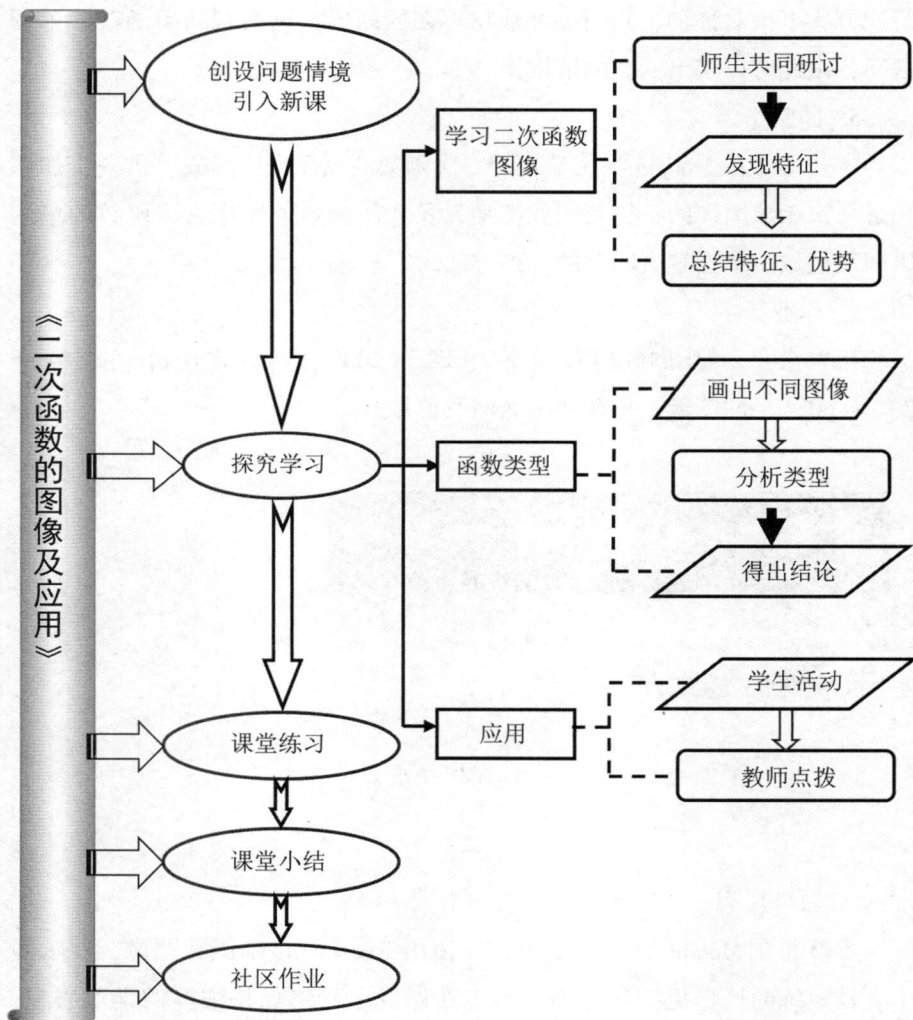

图 1-19　教学流程图

# 第二章　山区中小学基于云服务在线学习的研究与实践

## 第一节　建设教育云平台适应教育信息化发展

《国家中长期教育改革和发展规划纲要（2010—2020 年）》提出，要充分整合信息资源，采用云计算技术，形成资源配置与服务的集约式发展途径，构建稳定可靠、低成本的国家教育云服务模式。我国《教育信息化十年发展规划（2011—2020 年）》也提出，采用云计算服务模式，形成资源配置与服务的集约化、效益化、优质化发展途径，构建稳定可靠、低成本的国家教育云服务平台。两个发展规划告诉我们，教育信息化发展已经进入云计算时代，在云计算时代充分开展基于教育云服务的在线学习，是山区中小学深入开展教育教学改革、提高教学质量的重要途径。如果只停留在Moodle 平台上，就会跟不上形势的发展，要进一步深入开展教育改革，就必须加强教育云平台的建设，并不断用最新的教育云思想来武装我们的头脑，在具体教学形式上，要积极开展基于云服务在线学习，这样才能在教育教学改革上不断取得新的成绩，攀登新的高峰。

## 一、教育云平台建设背景

2012 年 10 月，教育部、发改委、财政部等九部门下发《关于加快推进教育信息化当前几项重点工作的通知》①，部署教育信息化 7 项重点工作，具体要求有：①实现教学点数字教育资源全覆盖；②推进农村中小学宽带接入与网络条件下的教学环境建设；③推动优质数字教育资源的普遍应用；④推进网络学习空间建设；⑤建设教育资源公共服务平台；⑥建设教育管理公共服务平台；⑦加大教师应用信息技术能力的培训力度。

教育信息化被提升到新的战略高度，开始从分散建设向整体规划、统筹推进转型，促进教育改革发展的作用日益凸显。为深入贯彻国家中长期教育改革和发展规划纲要精神，落实《教育部等九部门关于加快推进教育信息化当前几项重点工作的通知》（教技〔2012〕13 号）的文件精神，为进一步加强梅县区义务教育阶段学校教育信息化工作，深化教育信息化投融资体制改革，推进义务教育阶段学校"宽带网络校校通"工程，充分发挥信息技术对实现教育现代化的重要支撑作用，必须建设教育云平台。

## 二、教育云平台建设目标

根据国家两个发展规划的要求，实现教育信息化的核心目标和标志性工程是建设"三通二平台"（宽带网络校校通、优质资源班班通、网络学习空间人人通、数字教育资源公共服务平台、教育管理公共服务平台），将传统的教室建设成智慧课堂，使全区中小学校形成信息化智慧教育生态系统，具体建设目标，见表 2-1。

---

① 教技〔2012〕13 号《教育部等九部门关于加快推进教育信息化当前几项重点工作的通知》。

## 表 2-1 教育云平台建设目标

| 类别 | 建 设 目 标 |
|------|-------------|
| 宽带网络校校通 ||
| 校园网 | 以有线和无线的方式覆盖学校每个教学、活动和办公场所,校区内师生能安全、方便地接入教育城域网,并能在认证许可的情况下接入互联网;网络带宽分配合理,满足日常教学和办公的正常需要,并有一定冗余;网络符合国家相关标准,配备良好的网络安全系统和网络信息安全系统,落实教育电子身份证实名上网系统 |
| 终端设备 | 专任教师每人配备一台笔记本电脑或台式电脑,满足正常的办公、备课、教研及日常管理需要 |
| 一卡通系统 | 实现校园一卡通系统,对学生进出校门、宿舍楼,校内消费进行统一管理 |
| 优质资源班班通 ||
| 教学资源 | 接入优质、全面、系统的教学资源,涵盖学科的各个知识点。教学资源包括文本、图片、视频、动画、音频、课件以及题库、图书、期刊等。教学资源建设要遵循相关教育资源建设标准,遵守法律法规,尊重和保护知识产权及版权 |
| 普通教室 | 全区中小学校的教室尚未完全配备投影仪、交互式电子白板或触控一体机,根据学校规模统一配置希沃触控一体机,能实现上网、多媒体播放等功能,支持视频、音频、文本、图片、动画、PPT 等文件播放,支持多媒体课堂教学,音画效果好;具备多媒体课件制作软件和语言(语音)教学软件。主要教学设备集中控制,使用操作简便 |
| 计算机教室 | 为全区中小学未配置计算机教室的学校配置计算机教室或平板教室,并满足学校正常教学需要;计算机设备、施工、布线符合国家和行业相关标准,计算机教室要提供教室管理系统功能,教师机可以通过软件实现对各终端的实时监控、管理、屏幕广播、师生互动交流等 |

续表

| 类别 | 建 设 目 标 |
|------|------------|
| 网络学习空间人人通 | |
| 空间建设 | 全区中小学整体开展网络教学、学习空间建设，学校 100%建立基于空间的虚拟化机构平台。为学生、教师、班级、学校提供实名教学内容分享空间 |
| 教育资源公共服务平台 | |
| 资源服务平台建设 | 全区建立统一的灵活、高效、易于使用的资源管理平台，县域内各学校通过多种渠道实现资源共建共享；能为县域内的师生提供教育资源公共服务；能为优质资源班班通提供技术支撑 |
| 教育管理公共服务平台 | |
| 认证与数据服务 | 全区 100%提供综合信息门户服务，利用门户网站发布教育行政信息，进行对外宣传，展示教育成果，为全社会提供必要的教育信息咨询服务，促进对外交流。门户网站后台要主动提供上级教育部门需要的工作统计数据、访问统计数据以及其他需要的数据等 |
| 管理应用服务 | 全区 70%以上的学校提供数字图书馆系统和电子期刊系统；50%以上的学校使用数字行政管理系统、数字教务管理系统、数字档案管理服务系统、财务管理系统设备资产管理系统以及人事管理系统等电子应用服务系统 |
| 生活应用服务 | 全区 20%以上的学校提供或使用上级教育机构提供的数字家校互通服务；50%以上的学校提供或使用上级教育机构提供的数字校园文化建设与传播服务，提供数字化社会公共服务 |

梅县区智慧教育生态系统，如图 2-1 所示。

图 2-1 梅县区智慧教育生态系统示意图

## 三、教育云平台建设内容

教育资源公共服务云平台和教育管理公共服务云平台又统称为"教育云平台"。教育云平台的建设着重在网络基础建设、云计算数据中心支撑平台建设和业务系统建设等三个层面进行。

### （一）"三通"建设

教育云平台"三通"建设，如图 2-2 所示。

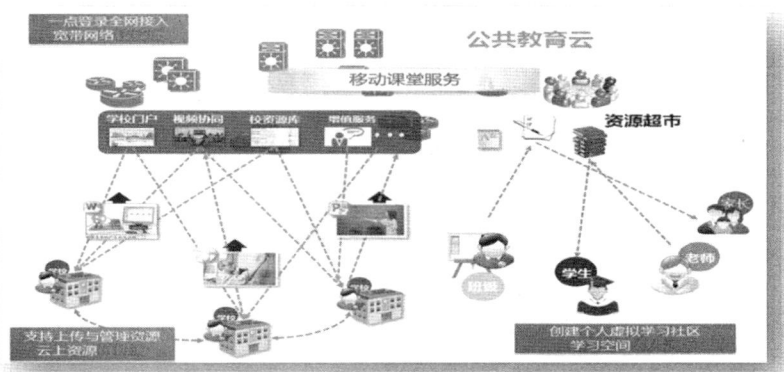

图 2-2 "三通"建设示意图

## 1. 资源到校——校校通

两大平台的内容统称为"资源"，资源区是学校共享的财富，实现共享的手段就是将资源送到学校，也就是通过网络实现学校与教育局资源中心的连接，也即传统校校通的建设部分，如图 2-3 所示。

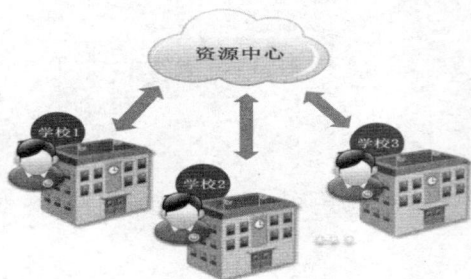

图 2-3　校校通建设

## 2. 资源到班级——班班通

让学生在教室就能使用优质的教学资源，实现与远程名师的在线互动，就是资源到班级的建设内容，包括多媒体教室，无线网络覆盖班级实现班班通，如图 2-4 所示。

图 2-4　班班通建设

3. 资源到个人——人人通

学生放学后依然能使用教学资源，教师在家、出差时也能便捷使用备课系统，家长辅导学生等应用场景的实现，就是通过建设人人通空间，使学生、家长、教师能随时随地访问教学内容，如图 2-5 所示。

图 2-5　人人通建设

教育云平台是第三方公司面向第三方应用开发者，提供 API 接口和相关开发环境的开放平台。教育云平台是云教育公共服务平台各子系统的公共运行环境，提供底层数据交换、集成服务以及统一身份认证和基础数据同步服务。各类系统运行于教育云平台之上，实现统一的系统登录、安全认证和基础数据共享。通过开放平台，第三方应用开发者不仅能提供对 Web 网页的简单访问，还可以进行复杂的数据交互。第三方开发者可以基于教育云平台提供的 API 接口，结合自身优势开发教育教学应用。

(二)"两平台"建设

1. 教育资源公共服务平台

教育资源公共服务平台基于教育云平台，通过信息技术与教学过程深度融合，搭建涵盖核心应用的教育云平台，整合现有的资源库及第三方优质资源，不断丰富资源内容，服务学校教师教学、教研备课，服务学生的学习、探究活动，实现资源数字化、数据标准化、业务信息化、服务体系化，建立健全教育信息化服务体系及运行机制，实现资源按需服务、资源共建共享。

2. 教育管理公共服务平台

教育管理公共服务平台依托教育云平台的强大计算能力，构建资源整合、数据统一、功能全面、高效共享的教育管理公共服务云平台，为教育管理者、教师、学生和家长提供全方位的教育信息服务，优化教育管理体系的整体协调，促进教育质量全面提高，成为教育信息化各项工作中枢，为教育信息化建设奠定扎实的基础。

## 四、建设教育云平台，促进基于云服务的在线学习

梅县区在 2017 年底实施创建教育现代化先进区的工作主要目标就是要打造智慧教育、建设"三通两平台"。梅县区教育资源公共服务云平台和教育管理公共服务云平台又统称为"梅县区教育云平台"。

随着全区中小学硬件设备的充实，一体机的普及，校园网的建立，智慧教室的装配，信息技术的不断发展，在线学习成为可能。越来越多的在线学习平台走向校园，网络技术的发展使互联网成为一个知识的海洋，在线学习平台为教师提供了丰富的教学资源，教师可以通过在线学习平台进行课程设计和建构，使其成为学生学习的指导者、帮助者、组织者。教师在课前可根据课程的要求备好课，将相关的教学资源整理成资源库，通过添加适当的社区活动，让学生可以自由访问和学习。教师也可以为学生提供适当的参考信息，如网址、搜索引擎等，让学生自己去互联网上搜集素材，引导学生在网络社区进行学习、收集和分析信息，这样的网络社区为学生营造了探索发现的学习环境。在线学习平台中，学生在学习某一学科的知识时，可以学习许多与该学科相关联的其他学科的知识。学生在占有丰富资源的基础上自主学习并完成各种能力的培养，真正成为学习的主

体。学生在学习中遇到问题时，一方面，可以通过在线学习平台资源库学习；另一方面，可以通过在线学习平台向教师或其他同学请教，实现师生互动、生生互动。学生由原来的知识被动接收者，变成教学活动的主动参与者和知识建构者，使学生具有获取信息、传输信息、处理信息和应用信息的能力，形成良好的信息素养，促进整体素质的提高。因此利用在线学习平台是实现中小学教育改革目标的最佳途径。

# 第二节　教育云平台的使用和管理

梅县区教育云平台紧紧围绕国家"三通两平台"建设要求，根据学校、教师、学生及家长需求，引进丰富的优质教育资源，以教师、学生、家长等用户空间为基础，结合智能汇聚、备课授课、在线作业、智能组卷答疑等应用模块，为不同用户提供个性化服务的操作和创新平台，打造网络学习空间与教育模式相结合的应用模式，使用户能够依托"网络学习空间"参与"教育云平台"的共建共享。

## 一、教育云平台

1. 教师空间

为教师用户的一站式办公平台，为教师建立了一个集应用、资源、教学活动、SNS 于一体的虚拟空间，可进行在线备课、发布课前导学、发布作业、课后答疑、查资料、互动交流等各项教学互动活动，应用现代教育信息技术提高教学效率。

2. 资源中心

形成以资源共建共享为目的，以创建精品资源和进行网络教学为核心，面向海量资源处理，集资源分布式存储、资源管理、资源评价、知识管理于一体的资源管理中心，实现资源的快速上传、检索、归档，并运用到教学中，同时，实现资源的多级分布式存储、学校加盟共建等。

### 3. 智能汇聚

融合了垂直搜索技术和与教育信息化相关的专业技术，可以根据用户需求从特定网站进行资源的定向汇聚，智能化地实现教育资源的多来源汇聚、多方式资源检索、自动化资源更新和多样化资源应用。对于教育机构而言，实时获取最新的网络资源，便于教育资源的后台管理和校本/区本的资源汇聚。对于教师、学生而言，会为其提供注册、下载、上传、资源管理等一站式服务。

### 4. 备课授课

形成一个大规模在线开放式课程平台，倡导以学案为载体，教师的指导为主导，学生的自主学习为主体，师生共同合作完成教学任务的新型教学模式，可以为备课、授课、预习、复习、作业、答疑等多个教学场景服务。

### 5. 答疑中心

将答疑的场所从固定的教室转移到无所不在的网络，将答疑的时间从有限的固定时段变换成自由随意的时刻，从而实现更加方便、高效的答疑活动。同时，将问题及答案保存起来，也为学生的学习提供又一种新的资源，减轻教师的答疑任务。

### 6. 教育网盘

相当于为教师提供了一块大容量的网络硬盘，可以提供文件的存储、访问、下载等文件管理等功能，让教师不管是在家中、学校或其他任何地方，只要连接到网络，就可以管理、编辑教育网盘里的文件，不需要随身携带硬盘，更不怕丢失。

## 二、教育云平台学校管理

### 1. 学校管理员账户

学校管理员账户由教育局机构生成，如果学校尚未获得用户名和密码，可先联系梅县区教育局提出开通学校账号的申请，教育局核准后开通完成学校注册，学校将会拥有自己的用户名和密码，如图 2-6 所示。

图 2-6　学校管理员账户登录界面

学校管理员账户可帮助学校建立自己的校园门户网站和校本资源库，同时具有学校基础信息管理、用户管理、班级管理、学校空间展现、内容管理、通知公告、信息统计功能，如图 2-7 所示。

图 2-7　学校管理界面

## 三、教育云平台学校班级管理

基于资源公共服务平台的教学应用，师生用户主要以班级为单位开展教学应用，为此，学校管理员需创建好班级，每年 8 月底前完成班级毕业、升级处理，创建小一、初一、高一新班级，如图2-8所示。

图2-8 班级管理页面

点击【创建班级】按钮，可创建新班级，通过选择学段和年级创建不同学段不同年级的班级，如图2-9所示。

图2-9 创建班级

如创建2019年入学的七年级7个班的新班级，可选择所属学段为初中、班级学制为六三制(梅县区中小学为六三制)、所属年级为七年级，是否批量生成班级，选择"是"批量生成多个班级(选择"否"可单独生成一个班级)、批量班级编号输入，开始班级编号为1，结束班级编号为7，入学年份为2019年，毕业年份为2022年，选择所属学校为广东梅县外国语学校，设置好后点击【保存】按钮，即可创建2019年入学的七年级7个新班级，如图 2-10 所示。

图 2-10　设置班级信息

创建班级后，自动生成班级名称及编码，如图 2-11 所示。

图 2-11　班级名称及编码

## 四、教育云平台用户管理

基于资源公共服务平台的教学应用，需要管理员做好师生用户管理工作。以管理员身份登录后，如图 2-7 所示，通过"用户管理"可进行新增教师账户、导入新教师账户、教师调动、导入学生账户及新增学生账户等操作。

1. 新增教师账户

教师账户不能自行注册，需由学校管理员统一新增或导入，具体操作：选择【用户管理】—【教师管理】—【新增】，可单独新增教师，如图 2-12 所示。

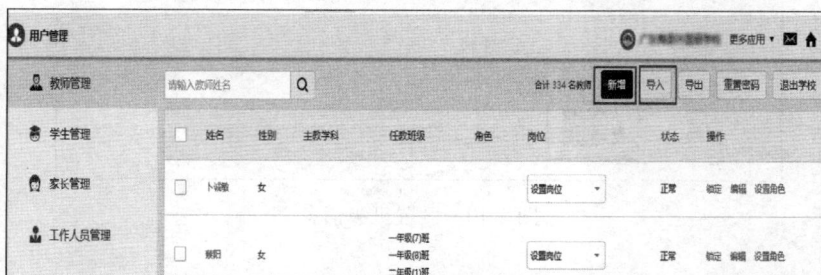

图 2-12　新增教师账户

输入"用户名""真实姓名""身份证号"三个必填字段，点击【保存】按钮，即可为教师生成账户，如图 2-13、图 2-14 所示。

图 2-13　输入必填字段

图 2-14 保存信息

2. 导入新教师账户

导入教师信息操作会将当前添加的教师加入学校，同时为该教师生成一个账户，该操作主要用于批量教师信息导入，必须先下载模板，录入教师信息后再导入。

具体操作：【用户管理/教师管理】—【导入】按钮，如图 2-15 所示。

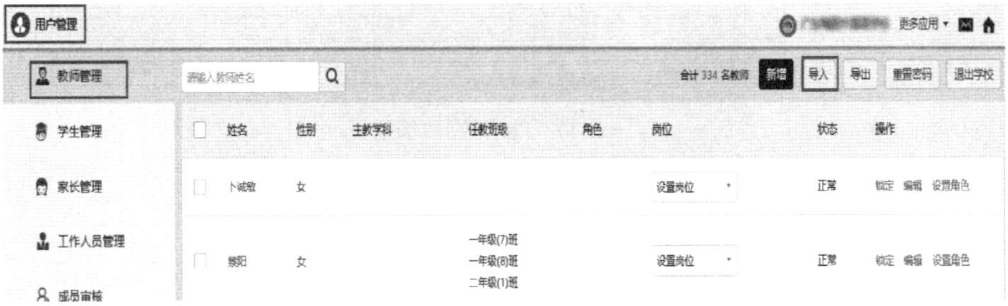

图 2-15 导入新教师账户

点击"标准模板下载"链接，下载模板，如图 2-16 所示。

图 2-16 下载模板

下载后根据说明采集教师姓名、性别、身份证号、授课班级的编码、任教科目、是否班主任信息，完成后保存，如图 2-17 所示。

| 姓名，必填项 中文，长度：2-10位 | 性别，可选项 男或女 | 身份证号，必填项 | 授课班级的班级编码 | 任教科目 | 是否班主任 |
|---|---|---|---|---|---|
|  | 女 |  | 1p21i4a7 | 历史 | 是 |
|  |  |  |  |  |  |
|  |  |  |  |  |  |
|  |  |  |  |  |  |
|  |  |  |  |  |  |
|  |  |  |  |  |  |

图 2-17 采集教师信息

授课班级的班级编码可通过"班级管理"查询。

点击【浏览】按钮选择教师用户模板，然后点击【导入】按钮，如图 2-18 所示。

图 2-18　导入教师用户模板

点击【用户导入日志】，可检查数据导入是否成功。

在"结果"中检查数据，显示成功××条失败 0 条，表示导入数据全部成功；如显示成功 0 条失败××条，表示全部数据未导入成功；如显示成功××条失败××条，表示有部分数据导入成功，部分数据未导入成功。通过【查看】按钮会显示导入失败原因，下载源文件对应检查，如图 2-19 所示。

| 序号 | 文件名 | 类型 | 上传时间 | 上传人 | 结果 | 操作 |
|------|--------|------|----------|--------|------|------|
| 61 | 学生用户导入模板701: school_student.xls | 学生 | 2020-02-17 20:23:30 | | 成功46条,失败5条 | 查看 下载源文件 |
| 62 | 学生用户导入模板701: school_student.xls | 学生 | 2020-02-17 20:18:48 | | 成功0条,失败51条 | 查看 下载源文件 |
| 63 | 学生用户导入模板701: school_student.xls | 学生 | 2020-02-17 20:11:40 | | 成功0条,失败51条 | 查看 下载源文件 |
| 64 | school_teacher(附小).xls | 老师 | 2019-11-07 09:43:13 | | 成功10条,失败0条 | 下载源文件 |

图 2-19　用户导入日志

### 3. 教师调动

每学年可能都会有教师调入或调出学校，特别是梅县区实行区管校聘和行政领导交流政策后，为了使教师能在目前所在学校正常使用资源公共服务平台，需要先退出原学校，再加入新学校。

教师登录梅县区资源公共服务平台—账户管理—个人中心—任教信息—退出（注意不要点到"设置"下拉列表的"退出"，此退出为退出平台登录状态），如图 2-20、图 2-21 所示。

图 2-20　任教信息

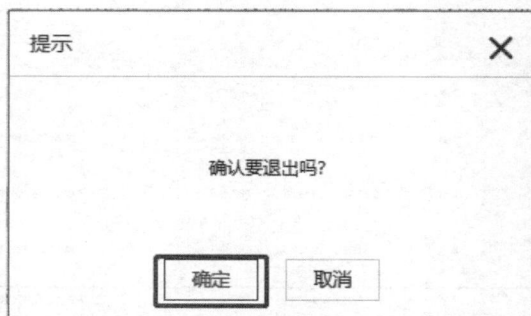

图 2-21　退出原学校

　　要加入新学校，登录平台后，进入"个人中心/任教信息"，点击【申请加入】，如图 2-22 所示。

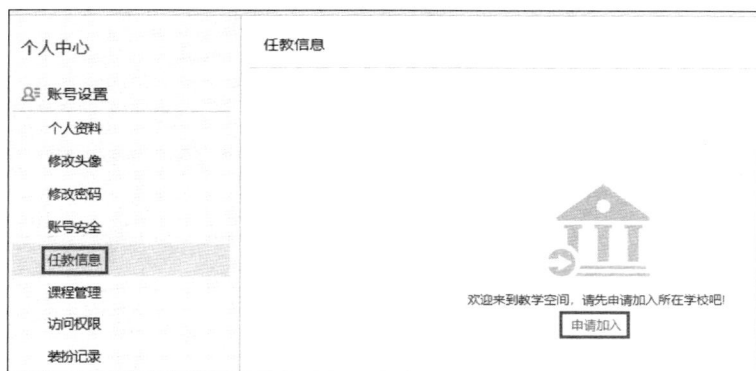

图 2-22　加入新学校

　　如要加入广东梅县外国语学校，选择"梅州市/梅县"—输入学校关键字：如"外国语"—"搜索"—点选"广东梅县外国语学校"，如图 2-23、图 2-24 所示。

图 2-23　选择学校所在区域

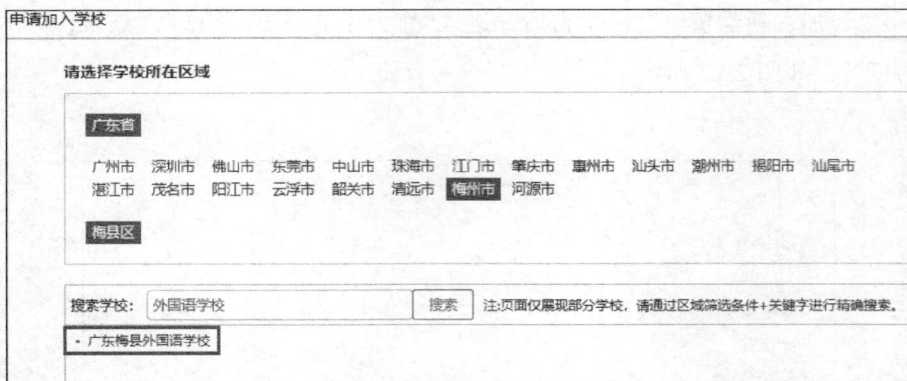

图 2-24　选择申请加入学校

此时，任教信息显示学校为"广东梅县外国语学校"表示加入学校成功，如图 2-25 所示。

图 2-25　加入广东梅县外国语学校

加入学校成功后还要加入任教班级，如要加 2019 年入学的七年级 1 班任教"信息技术"课，可选择任教班级入学年份：2019；任教班级：七年级(1)班；任教学科：信息技术。然后点击提交申请，等待管理员审核通过，如图 2-26、图 2-27 所示。

图 2-26 选择加入班级信息

图 2-27 申请加入班级

　　管理员进入"用户管理/成员审核"—勾选"申请用户"—"通过"(上面的通过按钮为批量通过)—单击"确定",如图 2-28、图 2-29 所示,完成申请。

图 2-28 管理员批量审核通过

图 2-29 成员审核结果

管理员审核通过后，教师重新登录平台，单击【个人中心】—【任教信息】后，"加入申请中"和"撤销申请"提示和按钮变为"退出""新增学科""编辑"三个按钮，表示成功加入班级，如图 2-30 所示。

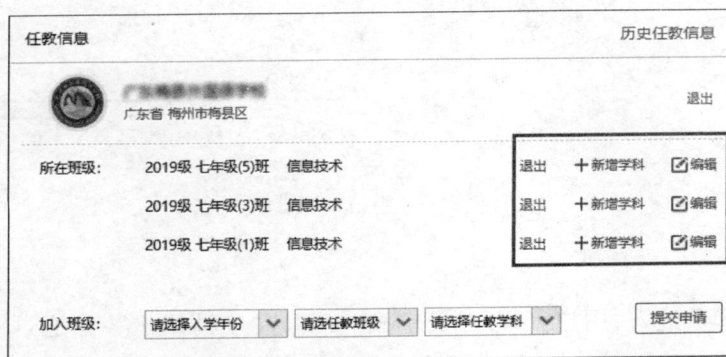

图 2-30 成功加入班级

退出：申请退出所选任教班级，退出后需管理员审核才能通过。

新增学科：兼两门学科以上老师需通过此按钮增加。

编辑：可重新修改入学年份、所在班级、任教学科，如图 2-31 所示。

图 2-31　编辑修改班级信息

### 4. 导入学生账户

准备工作：学校管理员下载好"导入"学生账户模板，组织班主任根据模板进行学生数据采集。

具体操作："用户管理"—"学生管理"—"导入"—"标准模板下载"—"班主任根据模板文件采集学生信息"，其中班级编码通过班级管理获得，如图 2-32、图 2-33、图 2-34、图 2-35 所示。

图 2-32　学生管理

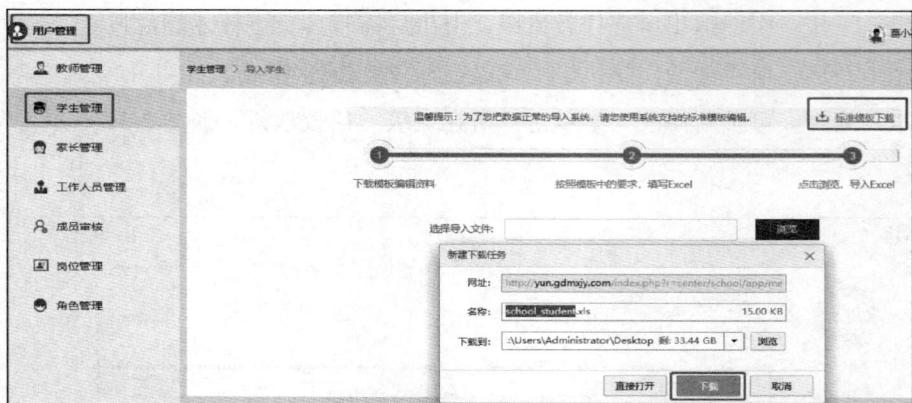

图 2-33　下载模板

| 姓名，必填项<br>中文，长度：2-10位 | 性别，可选项<br>男或女 | 身份证号，可填项 | 账号，可填项 | 班级编码，必填项 |
|---|---|---|---|---|
| | | | | 1p21i4a7 |
| | | | | |

图 2-34　学生信息采集模板

图 2-35　班级管理信息

管理员通过"用户管理/学生管理"—"浏览"选择导入班级学生信息文

件，然后点击【导入】按钮，如图 2-36 所示。

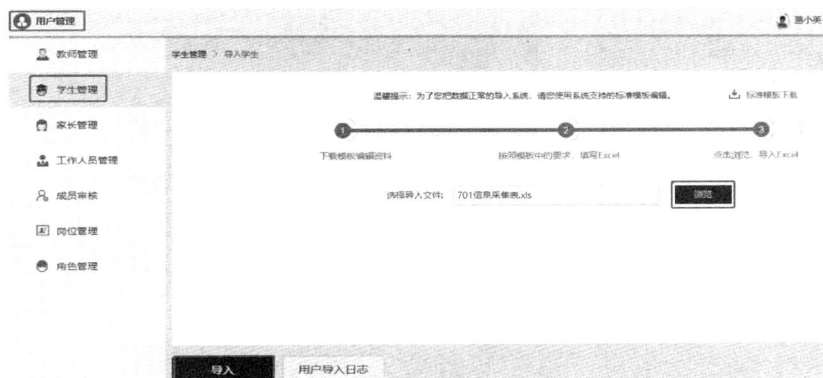

图 2-36 导入学生信息模板

文件显示上传成功，点击【确定】，如图 2-37 所示。

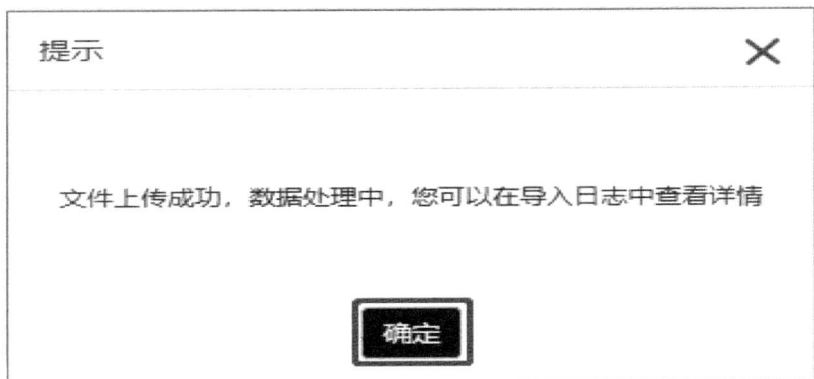

图 2-37 上传成功

文件上传成功后，可单击图 2-36 中【用户导入日志】查看详情，如图 2-38所示。

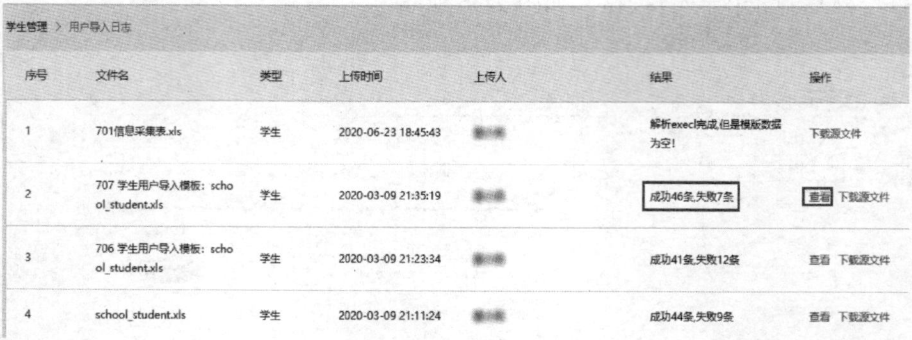

| 序号 | 文件名 | 类型 | 上传时间 | 上传人 | 结果 | 操作 |
|---|---|---|---|---|---|---|
| 1 | 701信息采集表.xls | 学生 | 2020-06-23 18:45:43 | | 解析execl完成,但是模版数据为空! | 下载源文件 |
| 2 | 707 学生用户导入模板: school_student.xls | 学生 | 2020-03-09 21:35:19 | | 成功46条,失败7条 | 查看 下载源文件 |
| 3 | 706 学生用户导入模板: school_student.xls | 学生 | 2020-03-09 21:23:34 | | 成功41条,失败12条 | 查看 下载源文件 |
| 4 | school_student.xls | 学生 | 2020-03-09 21:11:24 | | 成功44条,失败9条 | 查看 下载源文件 |

图 2-38 用户导入日志

在"结果"中显示:

①成功××条失败 0 条，表示所有数据导入成功；

②成功 0 条失败××条，表示所有数据导入失败；

③成功××条失败××条，表示有××条数据导入成功，××条数据导入失败。

通过【查看】按钮可查看结果，导出异常账号学生信息，主要是身份证号错误，或已有账号，如图 2-39 所示。

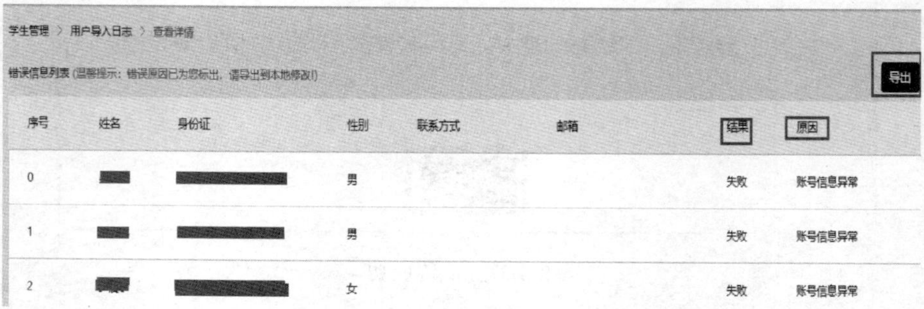

| 序号 | 姓名 | 身份证 | 性别 | 联系方式 | 邮箱 | 结果 | 原因 |
|---|---|---|---|---|---|---|---|
| 0 | | | 男 | | | 失败 | 账号信息异常 |
| 1 | | | 男 | | | 失败 | 账号信息异常 |
| 2 | | | 女 | | | 失败 | 账号信息异常 |

图 2-39 查看导入结果

操作说明：

①"导入学生"操作会将当前添加的学生加入学校，同时为该学生生成一个账号；

②已经获得账号但目前没有加入学校的学生（如自由注册、转校、毕业升学），如需加入当前学校，需收集学生已有的账号名（登录名），填写在下表"账号"一列，如图 2-34 所示。

导入说明：

①数据导入后，账号为空时，学生的账号由系统自动生成 10 位随机数字，生成规则为：前缀+×位随机序列号。

用户为梅县区资源公共服务平台，前缀为 63，生成账号 = 63+8 位随机数字。

②"账号"一列为系统已有学生账号（详见操作说明②），若不填写，默认新增该学生。

③自动生成家长账号只针对新增的学生，生成规则：前缀+×位随机序列号；学生家长姓名为"学生名称+（父亲/母亲）"。

④导入成功后，新增账号的登录初始密码是：12345678。学生拿到账号后，可在"个人空间—用户中心"中修改密码。

⑤班级编码，必须是学校管理员在创建班级的时候系统生成的班级编码，否则，对于没有班级编码或无效的班级编码用户，该值不导入。

⑥数据必填项，必须填写，若不填写，默认不去处理该条数据。

⑦关于重名用户导入的注意事项：相同名字的学生，在信息导入时，不同班级学生信息可以导入；文件中不能出现同名同班的学生，如存在，请在导入文件中保留一个，其他同班同名的学生使用单个新增学生来实现。

5. 新增学生账户

点击【用户管理/学生管理】—【新增】，如图 2-40 所示。

输入学生用户名、真实姓名、身份证号、选择所在班级，然后点击【保存】按钮，如图 2-41 所示。

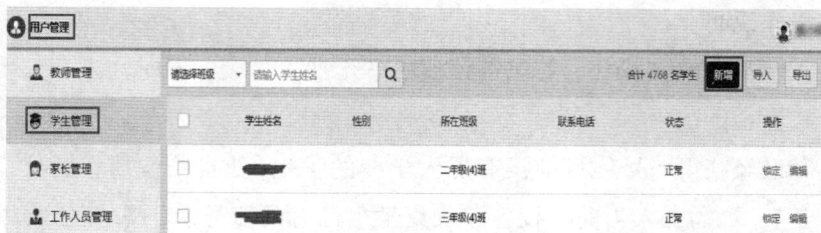

图 2-40 新增学生账户

图 2-41 保存新增学生信息

如教师在梅县区范围内调动，可退出原学校申请加入新学校。教师账户既可由新学校管理员设置为学校管理员，又可由班主任设置为班级管理员，还可由名师工作室设置为工作室管理员，支持不同角色的身份切换，实现互联互通。

## 五、教育云平台实名认证

### 1. 登录平台

输入网址：http://mx.mzedu.gov.cn，进入梅县区教育资源公共服务平台首页。

方法一：在首页输入用户名和密码，点击【立即登录】按钮，如图 2-42 所示。

图 2-42　空间登录界面

"记住我"选项被选中后会记录下登录信息，再次登录时无须输入账号和密码。此功能在公共电脑上慎用。

方法二：单击页面右上角二维码图标，显示"手机扫码，安全登录"界面，打开手机 App"人人通空间"扫码登录在手机上点击"确认登录"，如图 2-43 所示。

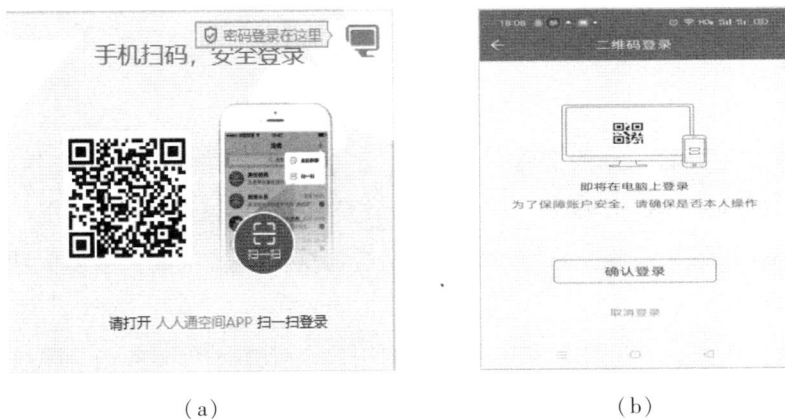

（a）　　　　　　　　　　　（b）

图 2-43　手机移动端扫码登录

如果教师忘记了密码，需要联系学校管理员重置密码；学生则可报备班主任，由班主任联系学校管理员重置密码，如图 2-44、图 2-45 所示。

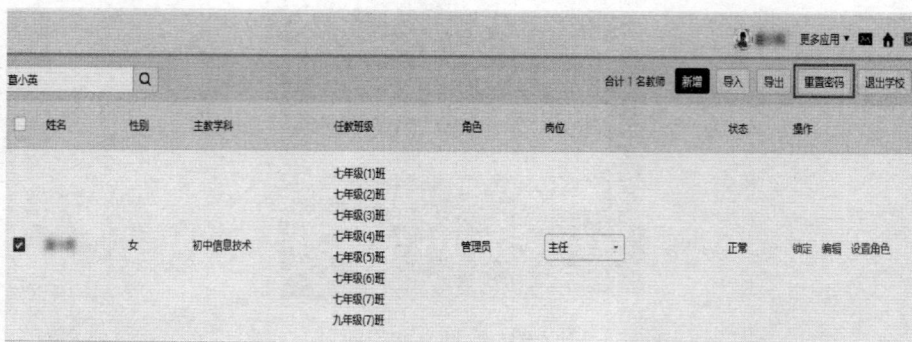

图 2-44　教师密码重置

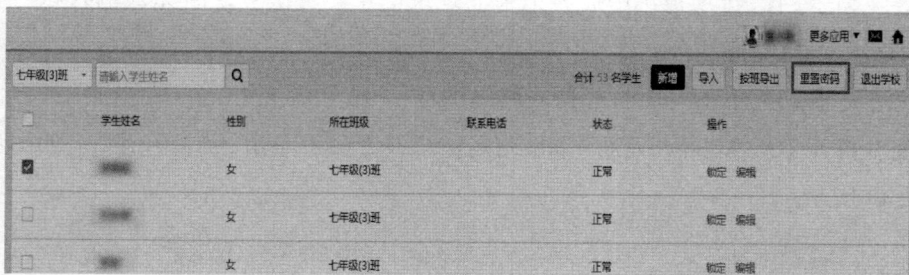

图 2-45　学生密码重置

## 2. 实名认证及修改密码

根据国家教育资源公共服务体系最新要求，所有资源平台用户登录后，必须在国家教育资源公共服务体系进行统一实名认证，认证成功后才可正常使用。

平台用户登录后凡是未实名认证的用户在使用平台服务前，系统会提示进行实名认证，如图 2-45 所示。点击【去实名认证】进入实名认证页面，填写个人真实信息进行认证，如图 2-46、图 2-47、图 2-48、图 2-49 所示。

认证成功后，再次登录平台后，选择单击【已实名认证】，然后修改登录密码，即可正常使用平台服务，并可使用下载国家平台资源及应用，如图2-50、图2-51所示。

图 2-46 实名认证提示

图 2-47 实名认证

图 2-48  填写提交教师认证信息

图 2-49  填写、提交学生认证信息

图 2-50 认证成功

图 2-51 修改密码

## 六、教育云平台基于 Web 端的教学应用

教师空间是教师用户的一站式办公平台，为教师建立了一个集文章、资源、照片、教学活动、班级、研训于一体的虚拟空间，"我的教学"版块

是基于教育云平台的深度融合应用，为平台教师用户提供了"教材资源""课前导学""同步备课""互动课堂""随堂检测""课后作业"共六大功能模块，通过"我的课程"教师可以使用精品资源、发布课前导学、同步备课资源、上传课堂记录、布置随堂检测以及课后作业，形成教学闭环，为教师和学生提供课前、课中、课后常态化和个性化的一站式同步教学和学习服务，提升教师的教学效率和学生的学习效果，如图 2-52、图 2-53 所示。

图 2-52　教师空间

图 2-53　教材资源

以南方出版传媒广东经济出版社出版的《七年级 下册 信息技术》"第一单元信息大世界第 1 课信息新概念"教学应用为例，在计算机室开展基于 Web 端的教学应用。

软件环境：梅县区资源公共服务平台、浏览器。

硬件环境：网络计算机室(能上互联网)。

### (一)添加教材

①教师登录梅县区资源公共服务平台，进入"我的工作空间"—"我的教学"，如图 2-54 所示。

图 2-54 教师工作空间·我的教学

②鼠标移动到图 2-55 所示左上角教材目录，出现"+添加教材""自定编目"提示框后，单击"+添加教材"，出现"添加教材"对话框，教师首先要选择学段—初中，然后是学科—信息技术、版本—粤经版、册别—七年级下等信息后，单击"确定"，则完成教材的添加，如图 2-55 所示。

新增教材成功后，自动生成"信息技术粤经版七年级下册"标准教材章节目录，点击章节目录，则会出现该章节相应的共享教学资源。相应的目录资源可随之切换，如图 2-56 所示。

图 2-55　添加教材

图 2-56　新增教材

## （二）添加教材资源

教材资源含海量优质资源，类型丰富的优质资源精准匹配到章、到节、到课。教师可对自己云盘中收集的资源进行编辑加工，并且可以查看和收藏其他用户共享的资源和精品资源。所有的资源都与教材章节目录相关联，方便查找和使用。

1. 我的资源

"我的资源"中包括用户自行上传和收藏的资源，用户可以在"我的资源"相应教材章节目录下提前准备好资源，以便在导学、备课和授课等环节中直接使用。

（1）上传资源

选择要上传资源的教材目录，选择"教材资源"，选择"我的资源"，点击"上传资源"，选择"资源类型"后，可将本地资源上传到云盘，如图 2-57 所示。

图 2-57 我的资源

选择要上传的资源类型，选择"本地资源"，点击【上传我的文件】，如图 2-58 所示。

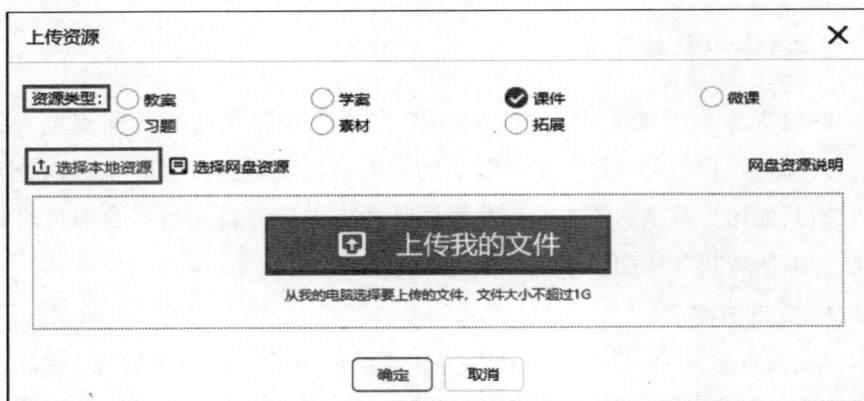

图 2-58　上传资源

文件显示上传 100%，点击【确定】按钮，如图 2-59 所示。

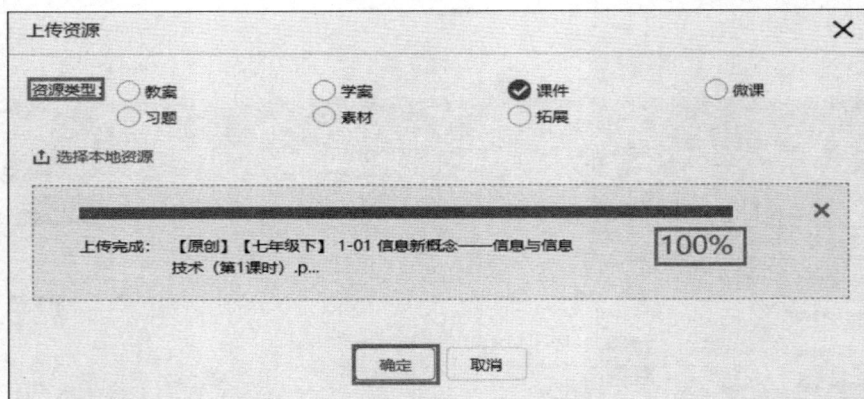

图 2-59　上传资源成功

　　在"我的资源"列表显示已上传成功的资源，其他教案、学案、微课、习题、素材、拓展资源上传方式与课件操作一样，不同类型可上传的文件格式有所不同，如压缩文件一般选用素材类型，教材外拓展用资源选拓展类型，如图 2-60 所示。

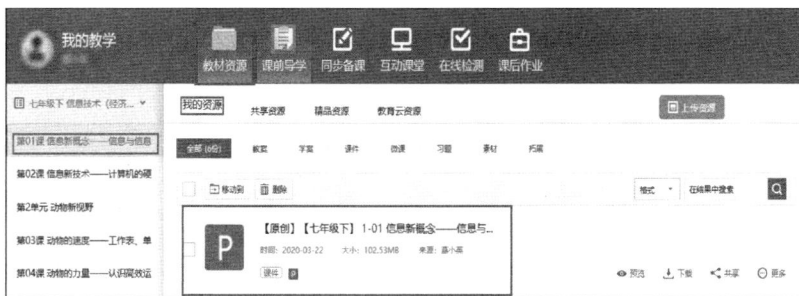

图 2-60 我的资源

已上传资源可实现预览、下载、共享、编辑标题、同步到备课、移动到、删除功能，如图 2-61 所示。

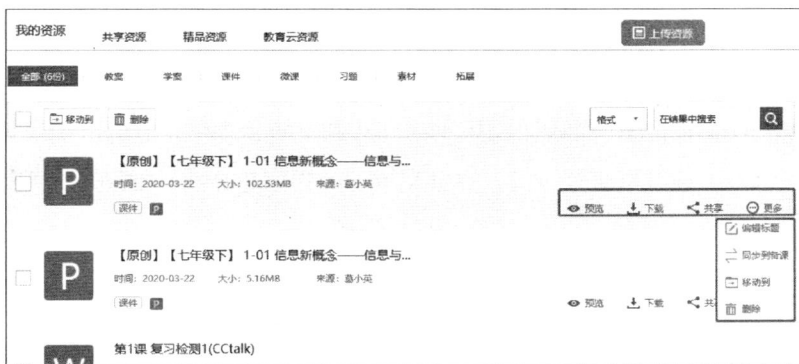

图 2-61 资源使用

（2）预览资源

点击【预览】，每条资源均可进行预览。

（3）下载资源

云盘中的资源可下载到本地，以便编辑加工。

（4）共享资源

用户自己上传的资源可分享给学校、区域或所有用户，分享后的资源通过审核后出现在"共享资源"中。用户收藏的资源不能分享。

（5）编辑标题

通过"更多"，可对资源进行标题重命名。

（6）移动资源

如资源内容与对应的章节目录不符，可将其"移动到"到其他章节目录下。

（7）删除资源

用户可对自己上传和收藏的资源进行"删除"，删除后不影响已共享的资源内容。

2. 添加共享资源

"共享资源"为全国老师上传资源后共享的资源，生态整合了第三方优质资源，教师可以快速引用精准推送的成品资源，通过点击【预览】了解资源内容是否适合自己的教学应用，如想在教学中引用共享资源，可点击【收藏】按钮，将共享资源收藏到"我的资源"列表中，点击【下载】按钮可将共享资源下载到本机或移动磁盘，当然，还可以点击【共享资源】的星星给予星级评分。共享资源被下载及星级评分高，在共享资源的列表越靠前，如图 2-62 所示。

说明：自定义教材一般比较少共享资源。

图 2-62　共享资源

3. 添加精品资源

"精品资源"主要为"一师一优课"省级以上优课资源，教师可以在"精品资源"中看到名校名师提供的资源，以及资源的评分和收藏量。点击资源标题或【预览】可预览资源。点击【收藏】，可将资源收藏到"我的资源"，并进行评分。精品资源对老师们参加"一师一优课"活动有参考价值，其应用与共享资源方法一样。

说明：自定义教材一般没有精品资源。

## (三) 发布课前导学

课前导学主要提供用户在课前将预习任务推送给学生。用户在选择教材对应章节后，可以创建"导学"，并将导学内容推送到班级学生空间，供学生学习。导学由文本、微课、习题型导学和若干素材型导学资源(如文档、视频和图片等)组成，个性化导学案助力翻转课堂，有效引导学生自主学习，如图 2-63 所示。它有常规导学和微课导学两种模式。

图 2-63　课前导学

在"我的导学"中，用户可利用"新建常规导学"制作常规导学内容，也可利用"新建微课导学"制作微课视频，作为导学素材，也可利用个人云盘资源、其他教师共享的导学、平台推荐的精品导学来制作导学。

1. 创建导学

（1）新建常规导学

点击【新建常规导学】，填写导学内容，从"学习资源"添加导学素材，"更多设置"可设置是否"允许互相查看"，完成导学创建，点【发送】按钮，直接选择班级，可将导学任务推送到班级学生空间。点【保存】按钮，暂时不推送导学内容，如图 2-64 所示。

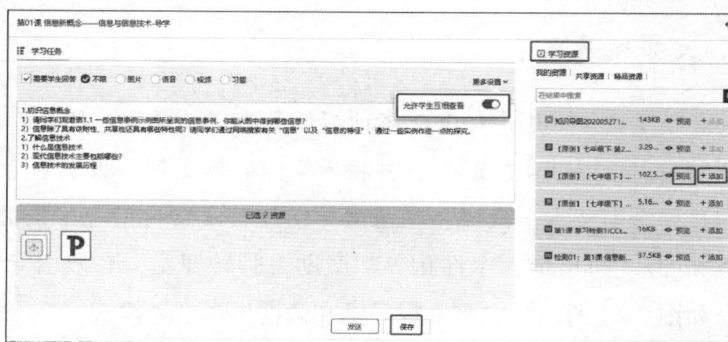

图 2-64　新建常规导学

导学的标题为教材章节标题，在创建时自动生成，不需用户填写，如图 2-65 所示。教师也可将导学内容发送到班级学生空间，如图 2-66、图 2-67 所示。

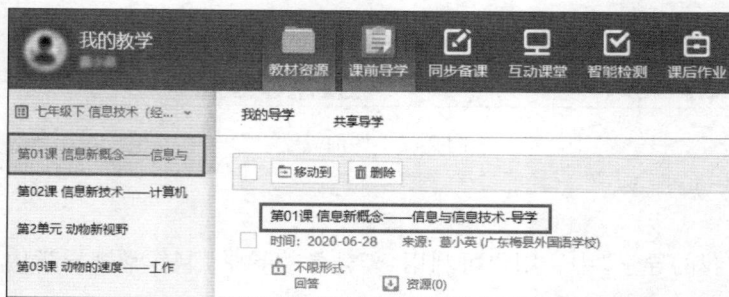

图 2-65　导学标题

图 2-66 "更多"功能

图 2-67 发送导学

（2）新建微课导学

在"我的导学"中点击【新建微课导学】，下载和安装微课制作工具，通过微课制作工具设置好微课名称、录制区域、声音来源，点击【开始录制】

97

录制微课视频，如图 2-68 所示。结束录制后，将微课上传到云盘，可以为创建导学提供微课素材。

图 2-68　录制微课视频

设置好学生是否需要提交导学内容、提交形式，点击【发送】按钮直接推送到学生班级空间，点击【保存】按钮直接保存到"我的导学"，如图 2-69 所示。

图 2-69　发送、保存微课

2. 编辑导学

每条导学的内容都可以进行"编辑"，编辑结束后可以将导学推送到班级学生空间。

3. 发送导学

点击【发送】按钮，选择要推送的班级，可以将导学推送到班级学生空间。

4. 历史发送

点击【历史发送】，可查看该条导学推送的次数、推送班级及时间。点击【撤销推送】，可以撤销对应班级的推送；点击【参与名单】，可以看到班级参与名单，如图 2-70、图 2-71 所示。

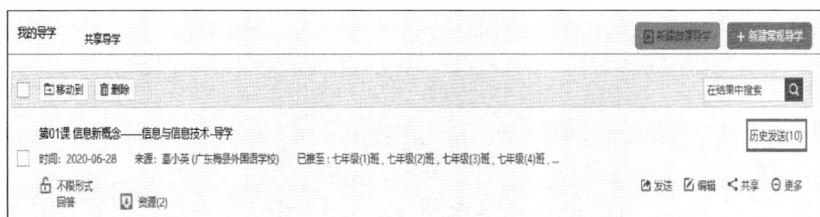

图 2-70　历史发送

图 2-71　参与名单

　　"快速批阅"可一键写评语、快速评价和自定义评语,进行快速批阅,如图 2-72 所示。

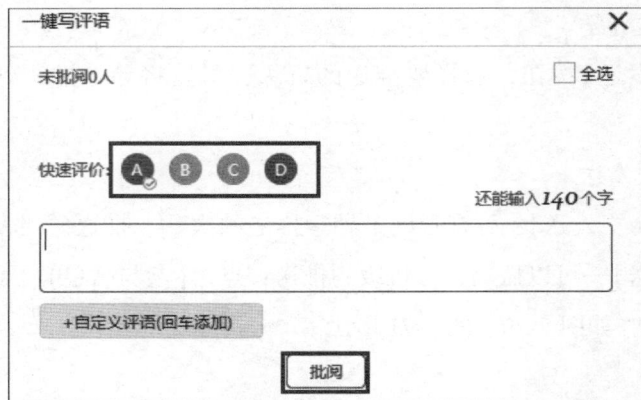

图 2-72　批阅

### 5. 删除导学

　　用户可"删除"自己创建或收藏的导学,删除后不影响已推送和已分享的导学内容,如图 2-73 所示。

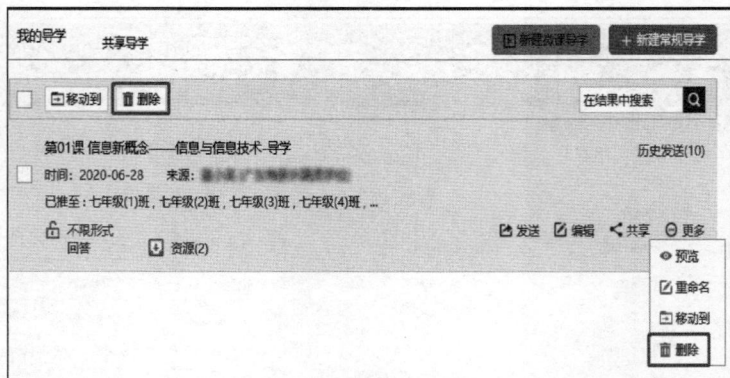

图 2-73　删除

6. 共享导学

在"共享导学"中，用户可以看到其他用户分享的所有导学，以及导学的评分和收藏量。点击导学标题或【预览】，可预览导学；点击【收藏】，可将导学收藏到"我的导学"，并进行评分，如图 2-74 所示。

图 2-74　共享导学

## （四）在线同步备课

教育云平台拥有强大的课件工具，可以轻松高效备课，实现同步教材、优质资源匹配到课件一键获取；教学模板、互动试题、学科工具一键调用。

"同步备课"主要帮助用户方便快速地备出高质量的课件。用户可根据学生课前导学预习的反馈情况，结合教学目标进行授课课件的制作。"同步备课"同时为用户提供了便捷的课件制作工具，在制作课件的过程中能方便地调用所需资源、素材和学科工具，快速完成课件的制作。

1. 我的备课

在"我的备课"中，用户可以看到所选择教材对应章节下自己制作、导入或收藏的所有课件。用户可利用"课件制作工具"完成所选择教材对应章节下课件的制作，并可导入已制作好的课件文件，如图 2-75 所示。

图 2-75　我的备课

（1）新建课件

在"我的备课"，点击【新建课件】，打开"课件制作工具"，完成课件的制作。第一次点击新建课件需下载安装"课件制作工具"，如图 2-76、图 2-77、图 2-78 所示。

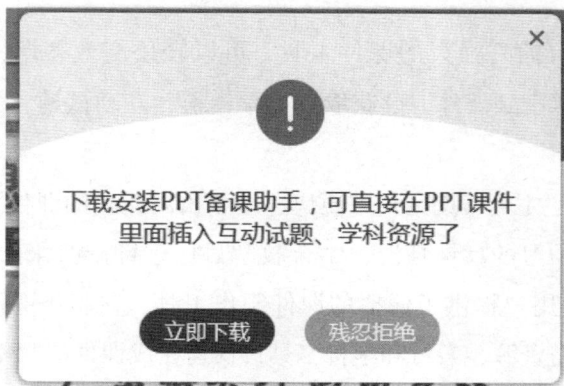

图 2-76　下载课件制作工具

图 2-77　我的工具

图 2-78　导入教案和课件

（2）编辑课件

进行课件编辑时，需先将云盘中的课件"下载"到本地，然后点击【编辑】，打开"课件制作工具"进行"编辑"操作。

（3）下载课件

"我的课件"中的课件可下载到本地，以便编辑加工。

（4）分享课件

用户自己制作和上传的课件可分享给学校、区域或所有用户，分享的课件通过审核后出现在"共享课件"中。用户收藏的课件不能进行分享。

（5）移动课件

如课件内容与对应的章节目录不符，可将其移动到其他章节目录下。

（6）删除课件

用户可对自己制作和收藏的课件进行"删除"，删除后不影响已共享的课件内容。

2. 共享课件

在"共享课件"中，用户可以看到其他用户分享的所有课件，以及课件的评分和收藏量。点击课件标题可进行预览。点击【收藏】，可将课件收藏到"我的课件"，并进行评分。

3. 精品课件

在"精品课件"中，用户可以看到名校名师提供的精品课件，以及课件的评分和收藏量。点击课件标题可进行预览。点击【收藏】，可将课件收藏到"我的课件"，并进行评分。

（五）应用互动课堂

教师可在平板教室或计算机机房通过进入互动课堂进行教学。

（六）添加在线检测

教师可实时在线检测即时检验教学效果；通过系统智能出题，及时呈现检测结果，实时掌握学情报告。

课堂即时组卷，检测结果可一键收取，可以提高课堂学习效率，将学习结果在云端呈现。

### （七）发布课后作业

多样课后作业可弥补传统作业盲区，作业结果及时反馈可帮助老师以学定教。

教育云平台支持课堂查看作业结果、即刻讲评，支持图片、音频、视频、文字多种作业形式，可以提高作业批改效率，实现翻转课堂的授课方式。

## 第三节　山区中小学利用平板和计算机机房开展基于云服务在线学习的研究①

### 一、因地制宜，开展基于云服务在线学习活动

云平台是指将一个或者多个数据库的软件及硬件结合起来，组成一个具有动态调配计算、通信、存储信息等能力的虚拟计算资源平台，从而实现各种云服务②。教育云平台为学校提供了一种全新的教学模式，并通过计算机、平板等网络终端设备使用云服务，可以使中小学教学改革进入一个全新的阶段。

云服务就是将网络中的各种资源充分调动起来，为用户提供服务。即采用云计算技术的网站为用户提供不必下载、不必安装、上网即用、操作

---

① 曾令涛. 山区中小学利用平板和机房开展教育云服务在线学习的研究[J]. 师道，2020(8).
② 朱学平. 基于云平台的教学模式创新与设计[J]. 计算机光盘软件与应用，2014(7)：260-261.

方便、功能丰富、价格低廉的互联网服务。用户终端从云服务平台中获取丰富的资源供学习使用①。要顺利开展基于教育云服务的在线学习，需要较好的硬件条件进行支撑，在建设了全区教育云平台的基础上开展在线学习的学校和班级需要 100MB 以上网络带宽支持；开展在线学习的班级每位学生需人手一台平板电脑，如无法实现人手一台平板电脑，也可到计算机机房或平板智慧教室开展在线学习。

由于梅县区地处粤东山区，经济条件不发达，目前只是基本建成梅县区教育云平台，人人通空间能同时满足全区 1/3 以上的师生需求。部分中小学配置了装配有平板的智慧教室，学生中没有普及平板电脑。因此不能盲目追求终端设备的"高大上"，要立足自身条件因地制宜地开展在线教学活动。梅县区每间中小学至少装备了一间可接入互联网的多媒体电脑机房，因此可以利用这些平板教室和多媒体机房开展基于云服务的在线学习活动。在平板智慧教室，学生上课时可人手一台平板进行云上在线学习，没有平板的学校则可在计算机机房每人一台电脑进行云上在线学习。

## 二、"一云三段"教学模式是基于云服务在线学习的好模式

开展基于云服务在线学习，其学习模式可以多样化，笔者通过"山区中小学基于云服务在线学习的研究"的课题研究，经过两年多时间利用平板和机房在云平台中开展在线学习的实践，创建了"一云三段"在线学习新模式，笔者认为，该模式指导下的在线课堂充满了生机和智慧，学生自主学习、协作学习能力得到全面培养，也促进了信息技术与其他学科的深度融合。

"一云三段"在线学习新模式中的"一云"是指梅县区教育云平台，"三段"是指教学过程分"三个阶段"进行，分别是云预习阶段、云建构阶段、

---

① 罗楚玲、郝峰. 基于云服务的学习方案设计与研究[A]. 软件导刊·教育技术，2012(10)：93-103.

云拓展阶段。该模式如图 2-79 所示。

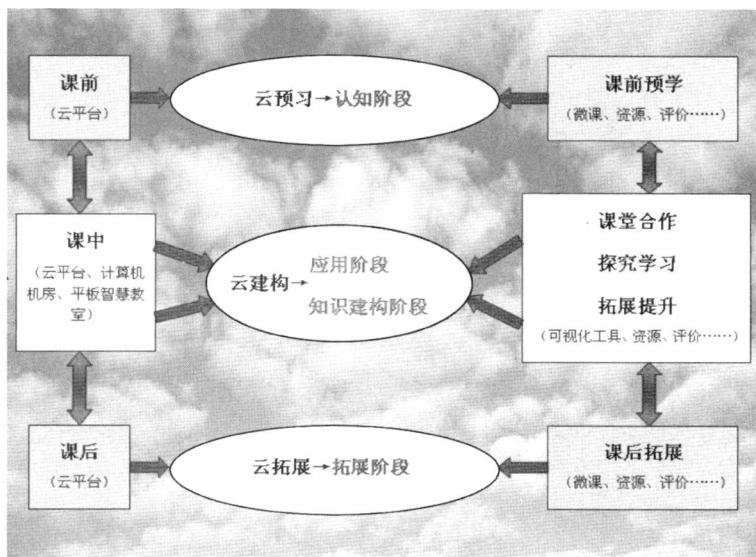

图 2-79 基于云服务互动课堂"一云三段"在线学习模式图

云预习阶段主要发生在上课前或课堂的前 5~10 分钟，由学生进入云平台的个人空间进行预习、自学，是对知识的自主认知过程；云建构阶段主要发生在课堂中，由学生通过"互动课堂"相应教学活动来完成知识的自主建构；云拓展主要发生在课后或课堂最后 5~10 分钟，让学生对所学知识进行自主延伸和拓展。

1. 云预习阶段

云预习阶段主要指课前教师利用云平台教师个人空间或教学助手，提供相应的学习资源，将设置的学习资源以图片、音频、视频、习题等形式上传云端，引导学生进行课前自学和预习。学生则可自主登录云平台的个人学习空间，在个人空间"我的课程"中根据教师上传云平台的学习资源或习题完成课前导学或课前检测，教师可随时获取学生的课程反馈，使课中教学可以有的放矢、及时调整，如图 2-80、图 2-81 所示。

图 2-80　云预习—教材资源

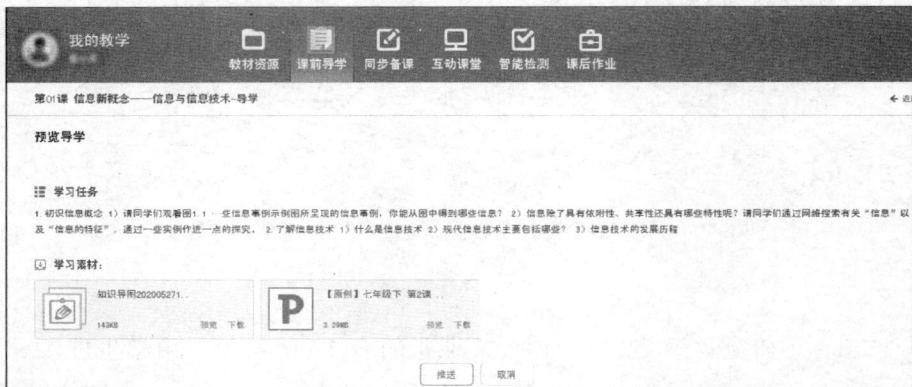

图 2-81　云预习—课前导学

条件许可的学校，可将此阶段放在课前，让学生在家里进行。在实际教学过程中，我们发现每次教学前布置学生在家里进行课前预习是做不到的，因此应尽量考虑将此阶段放在课堂的前 5~10 分钟进行更为合适。

2. 云建构阶段

云建构阶段是课堂教学的核心阶段，在该阶段，教师可通过引导学生自主学习、合作学习、探究学习来帮助学生实现知识的自我建构，从而提升学生对知识的掌握和内化。

在具体操作上，教师登录云平台进入"互动课堂"，选择授课"教材章节"，选择"上课班级"—"开始上课"，也可通过"教学助手"进入互动课堂。在"互动课堂"中教师可通过扫描二维码进入"移动讲台"，方便教师巡视教室，也方便师生互动或进行答疑解惑，比如教师可通过手机操控平台进行上课，也可在巡视过程中用手机及时将学生作业进行投屏来实现互动。学生则进入"互动课堂"后根据教师设置的活动任务来进行学习，如图2-82、图2-83、图2-84所示。

图 2-82 云建构—互动课堂

图 2-83 云建构—互动课堂—常用工具

图 2-84　云建构—互动课堂—我的资源

在课堂中，教师还可通过"工具"菜单中的"光荣榜""计时器""随机选人""小组评分""聚光灯""随写板""分组挑人""高拍仪"等互动工具进行师生互动，也可通过"学科工具"辅助教学，同时教师还可通过"录课"将师生的教学过程或片段进行录制，方便学生课后网上回看，教师也可上传作业让学生进行作业评价，然后有针对性地对作业进行点评。

3. 云拓展阶段

云拓展阶段主要指教师在云平台个人空间中"我的教学"布置课后作业、在线检测等任务让学生课后完成，可以是一节课的最后 5~10 分钟，也可以利用课后时间来完成。学生则可以进入云平台"我的学习空间"—"我的课程"—"课后作业"或"在线检测"完成本节课的知识评价，同时也可以根据教师提供的资源和问题对知识做进一步的学习，通过设置拓展探究任务，使学生知识进行内化和提升，如图 2-85 所示。

图 2-85　云拓展—在线检测（或课后作业）

　　现以高一数学"方程的根与函数的零点"课为例，说明如何利用平板或机房开展教育云服务在线学习活动。

　　在该节课的教学目标中，学生需掌握的知识点有：①理解函数零点的概念以及函数零点与方程根的关系（易混点）；②掌握函数零点的存在性定理并会求函数的零点所在区间（重点）；③会判断函数零点的个数（难点）。通过在线学习培养学生的直观想象、逻辑推理、数学抽象、数学建模等数学素养。

　　为实现上述教育教学目标，上课时，首先教师和学生要利用平板或机房电脑进入梅县区教育云资源管理平台。在"云预习"阶段，教师可通过布置两道判断零点的习题，让学生作为学习的切入点。学生在云平台上解答题目，教师则利用云平台中"互动课堂""在线检查"功能了解学生的预习情况，分析学生对进入新课学习的知识准备情况，然后有针对性地进入新课学习。

　　在"云建构"阶段，首先教师在云平台上展示一元二次方程的根与二次函数图像之间的关系图，并引导学生分析函数图像与 X 轴交点的坐标，引导学生通过一元二次函数推广到一般函数，为零点概念做好铺垫。然后教师以例题的方式，让学生进行探究学习、小组讨论，实现以函数零点为线索，归纳得出零点存在性定理。在这个阶段，教师可利用云平台"互动课堂"开展师生互动，活跃课堂气氛，提高课堂教学的覆盖面。学生在进行知识云建构过程中，可利用互动课堂中的"作品展示"将自己的学习成果或小组讨论的成果拍照上传来展示自己的学习成果，教师可通过互动课堂的"随机挑人""弹幕""光荣榜"等功能开展师生互动，形成良好的课堂学习氛围。

在"云拓展"阶段，教师可展示用数学软件制作的准确的函数图像，并变动直线的位置，让学生形象地体会直线位置变化对交点个数的影响，并让学生思考已知零点个数去探索解题方法，拓展本节课的知识，为下节课的学习做好铺垫。

整节课在云平台的"互动课堂"中进行，教师能实现教学的主导性，学生学得主动，课堂气氛活跃，师生互动、生生互动良好，实现课堂教学目标。

## 三、基于云服务在线学习实践促进师生共同成长

基于云服务在线学习的研究实践表明，师生教与学的方式发生了根本变化，教师的信息素养和专业能力得到了提升，学生的综合素养也得到提高，极大地促进了师生的共同成长。

### 1. 师生的教与学方式发生根本变化

通过实验学校一系列的课堂实例发现，"一云三段"在线学习新模式改变了教师过去只注重知识传授的传统倾向，促进教师教法的改革，促进教师角色的转变，使教师真正成为引导者和解惑者。强调以学生为中心，提倡学生自主学习和探究学习，改变了课程实施中过于强调被动接收式学习、死记硬背、机械训练的现状，积极倡导学生主动参与、乐于探究、勤于动手，培养了学生搜集和处理信息的能力，提升了学生获取知识、建构知识、分析和解决问题以及交流与合作的能力。

### 2. 学生的综合素养得到显著提高

在利用平板教室和机房开展在线学习的课堂中，从视觉、听觉等多方

面营造课堂教学氛围，用论坛、聊天室、图片、声音、动画等多种形式向学生传递信息，关注学生个性化发展，最大限度地开发学生的潜能，培养学生养成良好的学习习惯。学生感到学习不再是一件枯燥乏味的事，学习积极性被充分调动起来，课堂参与率达95%，学习效率大大提高，此外，关注学生的个性化发展，使学生开始真正成为学习的主人，综合素养得到显著提高。

3. 教师的信息素养和专业发展得到提升

在"一云三段"在线学习新模式教学中，有人认为，既然学生都自主学习了，要不要教师就无所谓了。这种观点是完全错误的，在"一云三段"在线学习模式教学中，教师是整个教学活动的组织者，在整个课程安排和课堂教学的实施中，教师要充分发挥主导作用。"一云三段"在线学习新模式的应用对教师的要求不是降低了，而是更高了，教师不仅要有相对较高的信息化应用水平，还要有扎实的专业功底。教师在备课阶段要根据教材和学生的实际认真进行教学设计，吃透教材，创设情景、设置任务、解惑释疑、引导评议。在课堂教学中，教师要循循善诱，努力营造以学生学习为中心，师生互动、生生互动的学习氛围，要积极调动学生的学习积极性，使学生真正成为学习的主人。所以教师不仅信息素养得到极大提升，而且教学能力也得到全面的提升，越来越能接受新事物、新科技。

研究实践证明，利用平板进行在线学习比利用计算机机房电脑进行在线学习的效果要好很多。第一，平板比计算机适合更多学科开展在线教学，通过机房进行在线学习更适合一些文科性质的学科，比如语文、英语、政治、历史等学科，主要以显示、互动和评价为主。而平板则适合所有学科，对于像公式求解、符合输入及实验操作等则可通过平板拍照或录像上传来进行。第二，平板比机房更容易组织课堂活动，学生的参与度、积极性更高，课堂更高效。第三，平板比计算机机房电脑能更好、更快地完成师生之间的交流和互动。这种高效和快捷是传统方式很难及时做到的，这应该就是云教学的优点。当然，基于云服务在线学习的最佳环境就是学生通过平板或手机等智能终端进行线上和线下学习，才能发挥出事半功倍的效果。在山区中小学校学生还不能做到人手一台平板电脑的情况下，则只好利用计算机机房电脑来实现基于云服务的在线学习。

## 第四节　教学设计案例

以"方程的根与函数的零点"基于"互动课堂"的教学设计为例进行介绍。

### 一、教材地位与作用分析

函数的零点，是高中新教材人教 A 版必修一第三章 3.1.1 的内容。在上一章中学了几种基本初等函数，$f(x)$ 的零点是中学数学的一个重要概念，从函数值与自变量对应的角度看，就是使函数值为 0 的实数 $x$；从方程的角度看，即为相应方程 $f(x) = 0$ 的实数根；从函数的图像角度看，函数的零点就是函数 $f(x)$ 与 $x$ 轴交点的横坐标。从不同的角度，函数的零点将函数与方程、数与形有机地联系在一起，体现的是函数知识的应用。

学习函数零点存在性定理可为二次函数实根分布打下基础，并为下一节内容"二分法求方程近似解"提供理论支持。因此本节课是本学科的重点内容，有着承前启后的作用。

纵观近三年来，各地高考的考察情况，零点部分主要考察：

①零点所在的大致区间；

②零点的个数，以选择题为主，中档难度；

③已知函数零点个数，求参数范围；

④零点之和；

⑤工具作用，导数中的零点问题，选择题、填空题、解答题皆有可能，以中高档难度为主。

故教学的重点是函数零点的形成与求解及其基本应用，在讲授本节内容时更多要渗透函数与方程思想、转化与化归思想、数形结合的思想方法。

## 二、教学目标(重难点)与核心素养

教学目标与核心素养，见表 2-2。

**表 2-2　教学目标与核心素养**

| 学习目标 | 核心素养 |
| --- | --- |
| ①理解函数零点的概念以及函数零点与方程根的关系(易混点)<br>②掌握函数零点的存在性定理并会求函数的零点所在区间(重点)<br>③会判断函数零点的个数(难点) | ①数学抽象：理解函数事点的概念<br>②逻辑推理：体会判断函数零点个数的思想<br>③直观想象：根据图像领会函数零点与相应方程的关系，掌握零存在的判定条件<br>④数学运算：求区间端点函数值<br>⑤数学建模：在函数与方程的联系中体验数学转化思想的意义和价值 |

## 三、学情分析(教学问题诊断)

1. 学生具备的认知基础(有利因素)

①基本初等函数的图像和性质；

②一元二次方程的根和相应函数图像与 $x$ 轴的联系；

③将数与形相结合转化的意识。

2. 学生欠缺的实际能力(不利因素)

①主动应用数形结合思想解决问题的意识还不强；

②将未知问题已知化，将复杂问题简单化地化归意识淡薄；

③从直观到抽象的概括总结能力还不够；

④概念的内涵与外延的探究意识有待提高。

学生在学习了解方程及函数图像的基础上，再学习函数零点的概念便顺理成章，难点在于零点的判定，若判断方程的根的大致区间，需要构造函数，解决这一难题及零点个数的判定需要结合图像及函数的单调性，因此要加强函数与方程思想数形结合思想的学习和运用，所以教学过程要注意引导学生用联系的观点理解有关内容，从二次函数入手，判断一元二次方程根的存在性及根的个数，从而了解函数的零点与方程根之间的关系，降低难度，便于学生接受。

需要注意的是，教材中零点存在性定理只表述了存在零点的条件，但对存在零点的个数并未多做说明，这就要求教师对该定理的内涵和外延有清晰的把握，引导学生探究出只存在一个零点的条件，否则学生对定理的内容很容易心存疑虑。从而帮助学生理顺知识体系，构建知识网络，探索规律性的解题方法与解体模式变得十分必要。

## 四、教学环境分析

①根据本节课教材内容的特点，为了更直观、形象地突出重点，突破难点，我们借助信息技术工具，在教育云平台上运用"几何画板"软件，将目标函数与直线方程进行转化，通过直线的平行移动演示，观察纵坐标的变化，求出目标函数的最值，让学生学会用"数形结合"思想方法建立起代数问题和几何问题的密切联系。

②为了调动学生的学习兴趣，促进吸引、启发、培养学员的学习与创新能力，我们在教育云平台采用"一云三段"教学模式，实现高效课堂。教师有效提高教学效率，丰富教学互动方式，培养学生学习兴趣。尤其是我们利用"互动课堂""家校帮"结合手机终端等工具，轻松地创建交互式共享课程，课堂上利用高拍仪、移动讲台无缝切换；分组、抢答、挑人、计时、积分倾力支持课堂互动；随堂检测即时呈现对错、可视诊断学情。让教师可以在授课过程中走下讲台走入学生中间，更为移动教学提供了专属功能，随时获得学生的课程反馈，使得教与学能有的放矢，及时调整。

## 五、教学策略与教学设计分析

①授之以鱼不如授之以渔。本节课采用"一云三段"教学模式进行授课。

a. 在"云预习"阶段以问题为主线贯穿始终的"探究—发现"教学策略，教师精心设置引导性的语言放手让学生探究。

b. 在"云建构"阶段以"合作学习"相结合的教学策略。在教学过程中，充分发挥学生的主体作用，调动学生的积极性，使其主动探究零点问题解题方法，形成有关零点问题的三个解题角度与对应方法的结论。独立思考与小组讨论相结合，学生对知识不仅要知其然，还要知其所以然。教师在整个课堂教学过程中起到引控方向、提供线索的作用。

在此阶段还特别注重在引导学生探究问题解法的过程中渗透数学思想。

c. 在"云拓展"阶段注意在探究过程中引入新知识，在引入新知识后适时归纳总结，进行探究阶段性成果的应用。

②借助"教育云平台"及"教学助手""互动课堂"强大的交互功能。

a. 思维导图与蒙层功能：对高考常考内容加以整理；

b. 利用互动课堂中"在线检查""作品展示""拍照上传""抢答""随机点名"等动能，及时调动学生的积极性，达到信息技术与学科教学的融合，突出课的重点，突破难点；

c. 几何画板数学软件：图像的变化问题；

d. 电子白板的手写功能，同步重点展示解题思路，提高课堂容量，增强课堂的趣味性。

## 六、教学过程分析

### (一)课前准备

由于不在原班级上课，上课前学生到了录播室后签到，用"学生点名"

功能可以快速且精准地确认所有学生是否到位，为接下来的课程提供安全保障。

《互动课堂》的操作提示：右侧栏→更多→学生点名。

## （二）云预习

上课时，在教育云平台互动课堂中展现两道练习题，让学生动手解答，并引入新课。

①函数 $y = 2x - 1$ 的零点是(　　　)。

A. $\dfrac{1}{2}$　　　　　B. $\left(\dfrac{1}{2},\ 0\right)$　　　　　C. $\left(0,\ \dfrac{1}{2}\right)$　　　　　D. 2

答案为 A，由 $2x - 1 = 0$ 得 $x = \dfrac{1}{2}$。

②下列各图像表示的函数中没有零点的是(　　　)。

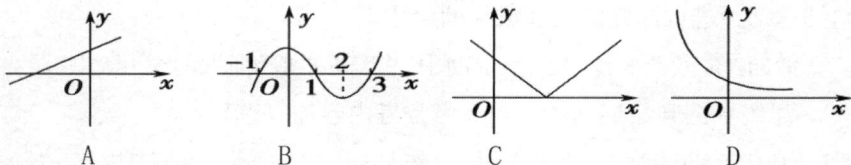

答案为 D，结合函数零点的定义可知选项 D 没有零点。

【设计意图】利用"教学助手""在线检查功能"，了解学生使用导学案后的预习情况，并掌握学生对知识板块的理解程度，对教师掌握课堂进度及整体的统筹提供有力依据。

《互动课堂》的操作提示：下边栏→检测。

## （三）云构建

1. 创设情境

①观察一元二次方程的根与二次函数图像之间的关系。

| 方程 | $x^2-2x-3=0$ | $x^2-2x+1=0$ | $x^2-2x+3=0$ |
|---|---|---|---|
| 根 | $x_1=-1$，$x_2=3$ | $x_1=x_2=1$ | 无实数根 |
| 函数 | $y=x^2-2x-3$ | $y=x^2-2x+1$ | $y=x^2-2x+3$ |
| 图像 | | | |
| 图像与 $x$ 轴的交点 | 两个交点：<br>$(-1,0)$，$(3,0)$ | 一个交点：$(1,0)$ | 没有交点 |

根据表格，可以发现：

一元二次方程 $ax^2+bx+c=0(a\neq0)$ 的根就是相应二次函数 $y=ax^2+bx+c=0(a\neq0)$ 的图像与 $x$ 轴交点的　横坐标　，进而将一元二次结论进一步推广到一般函数 $y=f(x)$ 结论，其中提到的函数 $y=f(x)$ 图像与 $x$ 轴交点的横坐标就是本节课第一个重点。

【设计意图】通过一元二次函数，教师引导学生将结论推广到一般函数，为零点概念做好铺垫。

2．探究活动 1

（1）函数的零点

对于函数 $y=f(x)$，把使 $f(x)=0$ 的实数 $x$ 叫作函数 $y=f(x)$ 的零点。

【思考 1】函数的零点与函数与 $x$ 轴的交点完全相同吗？

［提示］不是。函数的零点是一个数，该数是函数图像与 $x$ 轴交点的横坐标。

【思考 2】函数 $y=f(x)$ 的零点、方程 $f(x)=0$ 的实数根、函数 $y=f(x)$ 的图像与 $x$ 轴交点的横坐标，三者有什么关系？

（2）方程、函数、函数图像之间的关系

方程 $f(x)=0$ 有实数根。

⇔函数 $y=f(x)$ 的图像与 $x$ 轴有交点；

⇔函数 $y=f(x)$ 有零点。

一般地，对于不能用公式法求根的方程 $f(x)=0$ 来说，可以将它与函数 $y=f(x)$ 联系起来，利用函数的性质找出零点，从而求出方程的根，反之亦然。

【习题】求下列函数的零点：$f(x)=\lg(x^2+4x-4)$。

［提示］$\lg(x^2+4x-4)=0$，$x^2+4x-4=1$，$x=1$ 或 $x=-5$。

【设计意图】使学生熟悉零点的求法（即求相应方程的实数根）。

借助"教学助手"互动课堂的"抢答"功能，提问学生的方式发生了很大变化。在传统课堂中，学生很担心被老师点名回答问题，一到提问环节头都往下低，原因在于这是老师一厢情愿地点名，并没有问过学生的意愿，学生也害怕被点到名但是回答不出来丢脸。智慧课堂的提问环节更像是玩游戏。"抢答"不但增加了课堂的趣味性，更让学生将已经知的知识转化为外在表现的自信。

《互动课堂》的操作提示：右侧栏→抢答。

3. 探究活动 2

（1）零点存在性定理的探索

之前的研究发现，并不是所有的函数一定有零点。

【思考3】那么在怎样的条件下，函数 $y=f(x)$ 在区间 $[a,b]$ 内一定有零点？

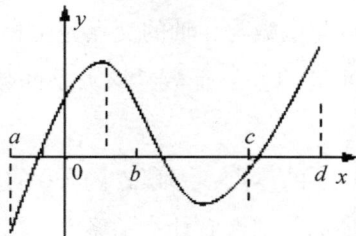

探究：观察函数的图像。

①在区间$[a, b]$内_____（有/无）零点；$f(a) \cdot f(b)$_____ 0
（"<"或">"）。

②在区间$[b, c]$内_____（有/无）零点；$f(b) \cdot f(c)$_____ 0
（"<"或">"）。

③在区间$[c, d]$内_____（有/无）零点；$f(c) \cdot f(d)$_____ 0
（"<"或">"）。

【设计意图】以三个问题为导向，以函数零点为线索，透过函数图像，教师使用"互动课堂的屏幕广播"功能，引导所有学生归纳得出零点存在性定理，提高课堂容量及提高教学活动的覆盖面。

《互动课堂》的操作提示：右侧栏→更多→屏幕广播。

（2）函数零点的存在性定理

如果函数$y=f(x)$在区间$[a, b]$上的图像是连续不断的一条曲线，并且有$f(a) \cdot f(b)<0$，那么，函数$y=f(x)$在区间$[a, b]$内有零点，即存在$c \in [a, b]$，使得$f(c)=0$，这个$c$也就是方程$f(x)=0$的根。

【思考4】定理辨析与灵活运用。

【辨析】判断下列结论是否正确，若不正确，请使用函数图像举出反例。

| 问题 | 定理是否能确定零点的个数 | 定理的否定是否没有零点 | 定理是否适用于不连续的函数 |
|---|---|---|---|
| 说明 | 已知函数$y=f(x)$在区间$[a, b]$内满足$f(a) \cdot f(b)<0$，则$f(x)$在区间$[a, b]$内存在零点 | 已知函数$y=f(x)$在区间$[a, b]$内连续，且$f(a) \cdot f(b) \geqslant 0$，则$f(x)$在区间$[a, b]$内没有零点 | 已知函数$y=f(x)$在区间$[a, b]$内连续，且$f(a) \cdot f(b)<0$，则$f(x)$在区间$[a, b]$内有且仅有一个零点 |

续表

| 问题 | 定理是否能确定零点的个数 | 定理的否定是否没有零点 | 定理是否适用于不连续的函数 |
|---|---|---|---|
| 函数图像的反例 | | | |
| 说明 | "连续不断"是必不可少的条件 | 不满足定理条件时依然可能有零点 | 定理不能确零点的个数 |

【思考 5】若要函数有零点，唯一存在性定理应该怎么办？

【设计意图】通过对定理中条件的改变，将几种容易产生的误解正面给出，在第一时间加以纠正，从而促进对定理本身的准确理解。

前两个反例教师列举，最后一个学生列举，借助"教学助手"互动课堂的"随机挑人"增加回答问题的随机性，学生被点到名就像买彩票中奖一样觉得幸运和好玩。在随机挑人之前给学生一些准备时间，在这个时间内，由于随机挑人的随机性，学生会担心被点到名但是回答不出来丢脸，所以都会认真准备，以此达到鼓励学生认真思考的目的。

《互动课堂》的操作提示：下边栏→工具→随机挑人（分组挑人）。

【例 1】（1）函数 $f(x)=3^x-4$ 的零点所在区间为（　　　）。

A. $[0,1]$　　　　B. $[-1,0]$　　　　C. $[2,3]$　　　　D. $[1,2]$

（2）函数 $f(x)=3^x-4$ 的零点有_____个。

解答：（1）D，由 $f(-1)=-3\dfrac{2}{3}<0$，$f(0)=-3<0$，$f(1)=-1<0$，$f(2)=5>0$，$f(3)=23>0$，得 $f(x)$ 的零点所在区间为 $[1,2]$。

（2）1，已知函数 $f(x)=3^x-4$ 在 R 上是单调递增的，故函数只有一个零点。

【设计意图】一方面，促进对定理的活用；另一方面，为突破后面的例

题铺设台阶。(借助"教学助手"互动课堂的"广播"功能，提高课堂容量及教学活动的覆盖面)

4. 综合应用

【例2】求函数 $f(x) = \ln x + 2x - 6$ 的零点个数，并确定零点所在的区间 $[n，n+1]$ $(n \in \mathbb{Z})$。

解法1(借助计算工具)：

用计算器或计算机作出 $x$、$f(x)$ 的对应值表和图像。

| $x$ | 1 | 2 | 3 | 4 | 5 | 6 | 7 | 8 | 9 |
|------|------|------|-----|-----|-----|-----|-----|------|------|
| $f(x)$ | −4.0 | −1.3 | 1.1 | 3.4 | 5.6 | 7.8 | 9.9 | 12.1 | 14.2 |

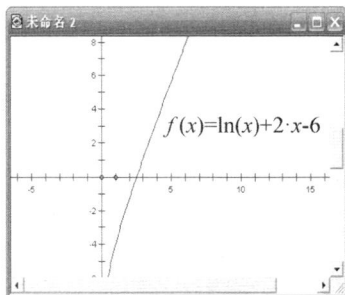

由函数图像可知 $f(x)$ 在区间 $[2，3]$ 内有零点。

【问题】零点是否的唯一呢？是的，又由于函数 $f(x)$ 在 $[0，+\infty]$ 内单调递增，所以 $f(x)$ 在区间 $[2，3]$ 内有且仅有一个零点。

解法2(函数交点法)：

[提示]将函数 $f(x) = \ln x + 2x - 6$ 的零点问题转化为方程 <u>$\ln x = -2x + 6$</u> 实数根，进而构建两个熟悉函数，<u>求交点横坐标</u>。

解：将方程 $\ln x + 2x - 6 = 0$ 化为 $\ln x = 6 - 2x$，分别画出 $g(x) = \ln x$ 与 $h(x) = 6 - 2x$ 的草图，从而确定零点个数为1，继而比较 $g(2)$、$h(2)$、$g(3)$、$h(3)$ 等的大小，确定交点所在的区间，即零点的区间。由图可知，

$f(x)$ 在区间 $[2, 3]$ 内有唯一的零点。

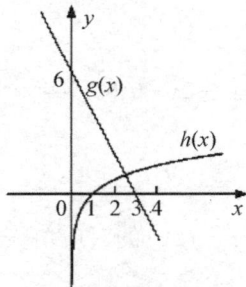

【设计意图】小组讨论模式（利用互动课堂中"作品展示"拍照上传展示学生小组活动结论）。

"作品拍照上传"（上传错误图像、正确图像两种）适用于学生成果展示。在这节课中，学生将旅行计划以图画的方案呈现。学生们一边画画，一边可以看到其他同学的进度和图画，可以激发学生的想象和发散思维。部分学生一开始画错了或者内容不合适，在参考其他同学的图画的基础上做了适当的修改，有利于学生的自我修正。教师还可以对其中的图画进行提问，并且询问创作意图。

《互动课堂》的操作提示：右侧栏→作品。

> 教师引导学生注意本节课的难点：
> 函数 $y = f(x) - g(x)$ 的零点。
> ⇔方程 $f(x) = g(x)$ 的根；
> ⇔函数 $f(x)$ 与 $g(x)$ 的图像交点的横坐标。

## （四）云拓展

1. 变形提升

若函数 $f(x) = \ln x + 2x - a$ 在 $[1, e]$ 内有零点，求参数 $a$ 的取值范围。

解析(函数交点法)：将方程 $\ln x + 2x - 6 = 0$ 化为 $\ln x = a - 2x$，分别画出 $g(x) = \ln x$ 与 $h(x) = a - 2x$ 的草图，数形结合得到 $a$ 的取值范围。

【设计意图】(教师展示用数学软件展示准确的数学图像，并变动直线的位置，学生体会直线位置变化对交点个数的影响)含有参数，且已知零点个数，探索其解题方法，为下一节课"函数含参零点问题的综合应用"做铺垫。

2. 课堂小结(弹幕分享本节课的收获)

①零点概念；②零点与 $x$ 轴交点、方程的根的关系；③零点存在性定理。

【设计意图】利用互动课堂中"弹幕分享模式"形式让学生独立思考本节课的收获。

在寻找 3 个目的地的课堂任务中，运用了弹幕功能。学生将选定的 3 个目的地用弹幕的方式发到屏幕上，还可以看到其他同学的答案，让所有答案可视化，充分起到分享的作用。同时，教师可以根据学生的答案暂停弹幕，对有意思的答案进行深入挖掘和提问。弹幕非常适合短小而发散性的回答，也是学生们喜闻乐见的功能。

《互动课堂》的操作提示：右侧栏→更多→弹幕评论。

3. 课堂反馈(选拔"合作之星"小组)

【设计意图】利用互动课堂中"课堂反馈"功能鼓励表扬积极参与课堂的小组，鼓励学生及其团队认真思考，积极参与课堂，同时利用榜样示范法，达到激励其他同学在接下来的学习中积极探索的效果。

《互动课堂》的操作提示：下边栏→光荣榜。

4. 布置作业

①"金牌学案"P64-65，类型一与类型二的例题与对应跟踪训练。

②"分层作业"P64-65 第 1、2、4、5、10 题。

## 第五节　基于云平台的小学信息技术课堂探究

随着经济的发展和科技的进步，现代教育技术也得到了日新月异的发展，从而带来了教与学的重大变革。随着教育云平台在梅县区的普及和推广，带给小学"信息技术"课全新的教学理念，其教学模式发生巨大改变。丽群小学教育信息化建设也由原来的 Moodle 网络学习社区向教育云平台升级发展，目前，丽群小学所有师生在云平台中都拥有实名制账号和网络个人空间，基本可以实现利用课题成果"课前云预习、课中云构建、课后云拓展"的"一云三段"在线学习模式来开展小学信息技术课堂教学活动。

### 一、教育资源公共服务平台特点

梅县区教育资源公共服务平台（简称"云平台"）是以云计算为技术支持，通过信息技术与教学活动结合的教育云平台，同时汇聚第三方优质资源与应用，面向教师、学生、家长提供一站式的教学服务①。云平台的建设为学校提供了一种资源虚拟化、软件服务化、系统透明化的全新教学模式，即聚集教师共享的教育教学的优质资源，以及各种免费应用，构建优质教育教学资源的应用环境。教师们通过云平台上传、下载各种资源，建立自己的教学网络空间，利用云平台中的教学助手、家校帮等应用开展教学活动，在空间平台中发布拓展知识。学生们随时随地可以访问教师的教学网络空间，完成相应学习任务，开展自主学习、合作学习、创新学习，从而更加全面有效地提高学生的学习能力。

1. 教学资源多元化，有利于教学资源共享和使用

随着社会的不断发展，学校教学资源逐渐呈现多元化、可持续化发展态势，教师不但要将教学形式、教学目标、教学内容有机地结合起来，还要根据环境的变化及学生个性特征，不断地创新和改革教学方法，教师在

---

① 梅县教育资源公共服务平台简介［EB/OL］. http://mx.mzedu.gov.cn.

教学过程中需要考虑的因素越来越多，云平台可以帮助教师将教学设计得更加灵活和细化，满足学生学习的需求。

教师可以在云平台中创建、发布与共享自己的电子教案，同时也可以对平台优秀教案进行二次修改，以便在教学中合理使用，在"教学资源"栏目，教师可以方便地查看平台收集各地的教案、课件、微课、图片、文字和音频等教学资源，并可收藏到"我的资源"中，在备课时随时使用。通过资源共享，教师提升了备课效率，又减轻了不必要的劳动和工作压力，达到增效减负的目的。

2. 促进师生的有效沟通，教学交流更加广泛

随着科技的进步，云平台的资源和功能建设也更加快捷、方便，在云平台下，学生和教师不论走到哪里都可以进行学习和交流，教师和学生以及学生和学生之间的交流环境从现实交流转换为网络空间交流，因地域差距造成的交流困难已经彻底解决，有效地促进了教师教学质量及学生能力水平的提高，真正实现人人可学、处处可学。

在云平台中，师生都用实名制账户登录，教师可以在平台中随时掌握学生的网上学习情况，师生在平台中可以随时进行交流互动，避免了课堂上学生不敢发言的情况。在网上，学生不仅可以自由大胆地发言，还可以通过教师设定的学习任务进行有效学习。同时，系统也会随时记录学生的成长。

3. 教学评价更加完善，进一步激发学生的学习兴趣

在云平台环境下，教师的教学评价已经从课堂上扩展到课堂外，教学评价可以分为形成性评价、诊断性评价及总结性评价等几种方式，云平台的教学模式比起传统的教学评价更加注重教学评价的过程，云平台可以通过课堂提问、互动、测试和作业等方式不断对学生的学习过程进行跟踪、评价，当云平台完成一个阶段的评价后，系统会提供相应的评价结果和材料，为学生下一个阶段的学习指明方向，并且不断鼓励学生，帮助学生调整好学习状态，从而提高学生的学习效率。云平台能更加全面地评价学生的知识掌握程度和技能提高程度，进而全面提高学生的综合能力。

传统的机房授课，师生交互仅体现在课堂提问环节和操作演示环节，方式较为单一，且效果不理想。在云平台教学中，教师可以借助各种常用工具进行辅助教学，激发学生学习兴趣和增加师生互动感。如教师可以借助"随机挑人"来回答问题，保证教学的公平性，使每个学生都有表现自我的机会；借助"小组评分"，对学生进行正面评价，对学生进行赏识教育，增加小组竞争；借助"聚光灯"，将学生的优秀作品进行展示、重点介绍和讲解，真正促进师生有效互动，提高课堂效率和学生的学习质量。

## 二、云平台在小学信息技术课堂的应用

传统的教学模式是以教师讲学生听，老师示范学生跟着做为主，学生自主性差、效率低，更谈不上创新。通过教育云平台的应用可以彻底改变这种教学方式，通过教育云平台，教师可以将小学信息技术教学课件、微课、教案、活动内容、测试评价和作业等教学资源上传至教育云空间，通过设置不同任务将知识点分解，将课前预习、课间互动和课后反馈的教学过程转变为自主学习的模式，充分体现教师的主导作用和学生的主体地位。课前运用教育云平台"课前导学"让学生进入"云预习"，根据教师提供的学习资源自主对预习内容进行思考和学习；课中运用教育云平台的"互动课堂"进行课中讲授，通过完成云平台中设定的不同学习任务实现对知识的"云建构"；课后通过"发布课后作业、提出问题和组织在线测试"等进行课后评价、反馈，实现"云拓展"。

1. 设置不同教学目标任务，实现个性化和针对性教学

通过使用教育云平台教学助手，教师对教学资源进行课前导学、互动课堂、在线检测和课后作业的结构化整合。资源的下载、上传、分类、保存和共享都在"云上"进行，不受时间和空间的限制。在课前导学中，教师会设置相关的课前学习问题或测试评价内容，让学生利用课前或上课前5分钟进行自主学习。在课中，教师会设计不同的教学目标任务供学生选择，有统一完成的学习任务，也有针对不同层次的学习任务，学生可以根

据前一章节的学习情况对教师提出的学习任务进行选择，即学生可以选择相同或高一难度等级的学习任务，学生针对知识的掌握程度进行不同目标学习任务的选择，同时，激励等次较低的学生完成好本次任务，使他们争取下节课向更高难度任务挑战。

以广东教育出版社出版的《信息技术》第三册(上)Scratch 软件学习的第 4 课"漂亮的风车"为例。课前，教师先上传这一课的"导学案"，分成 3 个目标任务，学生通过查看上节课的等次评定，选择与自己等级相同或难度高一级的任务。绘制任务一：用一片叶子"变"出风车；任务二：用不同的 3 个风车图案放在舞台的固定位置，"变"出 3 个风车；任务三：利用"图章"工具，通过为角色造型设置不一样的旋转中心，并设置不同的旋转角度和次数，制作出各种各样的图案。这样，任务难度呈梯度递增，3 个任务所涉及的难点分别从 1 个图案到 3 个图案再到灵活多样的图案。学生从完成简单的任务到完成复杂的任务，学习信心增强，也更加激发了他们对新知识的渴望和探索意识。

2. 加强课堂实时互动，实现知识的"云建构"

教师在云平台中布置的各种任务，需要学生在电脑中自主完成操作，在课中，教师可以通过互动课堂中的常用工具来激活学生的课堂积极性，提高师生互动效果。同时，教学助手上的各种教学手段如讨论、分组、评价等可以为教学提供有效的帮助。通过云平台常用教学工具能够实现宽松的学习环境、实时交互的学习氛围和个性化的学习需求。

课堂中，根据同步备课课件组织学生通过导学参加学习任务。例如，《信息技术》第二册(上)"制作特色贺卡"这一课。在云课堂教学资源中，教师先设计出 4~6 幅作品供学生参考，学生选择自己喜欢的贺卡分 4 组进行制作。学生通过微课的学习能分析出该贺卡如何设置页面及插入背景图、添加艺术字、插入在线图片、插入形状等操作，然后根据学生所选的贺卡指导学生收集整理素材—制作作品—提交作品。在课中的每一个环节，教师都可以通过云平台工具的应用，通过手机拍摄上传和实时投屏功能进行重、难点分析，让学习能力比较强的学生获得成就感。学生还可以利用云平台中的多种教学手段对制作过程中遇到的问题进行组内讨论或组与组之间进行讨论，把自己的成功经验分享给大家。这样既能提高学生自主学习与协作学习能力，也能提高学生的学习兴趣及课堂效率。

3. 促进课后"云拓展"，进一步深入课堂学习

教师一方面将教学过程保存到教育云平台，让学生回顾知识；另一方面，可以设计相应的提高练习，让学生在原有知识基础上获得巩固。另外，也可以提供一些拓展任务知识，增加学生的知识深度，可以让学生通过"作业提交"模块，将作业上传至教师发布的任务菜单下，教师与同班同学均可查阅。教师可以对作业进行等级打分和撰写评语，同学之间可以互相点赞和评价。

如在学习"制作特色贺卡"一课中，课后学生可以一展身手，自己精心设计一张贺卡送给老师或同学，制作完成后上传到云服务平台个人网络空间。学生在制作过程中遇到一些制作方法和修饰艺术字或文本等问题，可以在自己的空间提问，同学或教师看到后就可以帮该学生答疑解惑，使学生课后可以进一步探究学习。

综上所述，基于云平台的小学信息技术课堂相较于传统课堂更有优势，教师能够更高效地管理和掌控课堂，使学生更积极地融入课堂学习的情境，极大地方便了教师的教与学生的学。在提升课堂效率和改善教学效果的同时，通过师生双向沟通，促进教师对学生的深入了解，使学生的自主学习、合作学习和创新学习能力以及思维能力等综合素质都能够得到有效的培养，这样就能大大提高小学信息技术课的课堂教学效果。

## 第六节　开展基于云服务在线学习，实现高效课堂

高效课堂是指在课堂教学中实现较好的教学效果和较高的教学效率，能够达成既定的教学任务，达成较高的教学目标，取得具有较高影响力和社会效益的课堂效果。

基于梅县区云平台打造信息技术高效课堂的目的，不仅在于知识与技

能的获取，还在于落实培养信息技术学科核心素养的要求，提高学生自主学习、协作学习的能力与效果，促进学生分析与解决问题的综合能力的提升，同时对当今信息社会的信息道德、责任和价值观有较好的渗透和培养。

在这个背景下，梅县区教育资源公共服务平台为山区教育信息化的开展提供了一个易使用、易普及、规范高效的云服务平台和网络工具。在云服务环境下，学生的学习方式、教师的教学方式也产生了极大的变革，尤其是信息技术课程上，传统的教师演示—学生操作的教学方式极大地禁锢了学生的计算思维、批判性思维、创造力等其他综合能力，不利于学生信息技术学科核心素养的培养，教学效果往往事倍功半。因此，基于云服务在线学习变革中小学信息技术课堂教学，使打造信息技术高效课堂成为可能。现以广东梅县外国语学校七年级校本课程 Logo 语言"过程的调用"为例进行介绍。

## 一、开展分层教学，实现个性化和针对性教学

传统信息技术课堂教学中，教学目标往往是单一的，全班学生完成任务的要求和难度是相同的，没有针对学生的知识和能力层次进行划分，因此，课堂任务往往是低阶地考核是否掌握了课程相关的知识和技能，这样，一部分学习能力较强的学生学得无味而丧失学习兴趣，而另外一些基础较差的学生往往又觉得没有听懂。并且，传统课堂上，资源大部分以文字、图片和视频为主，教师通过网络教室传送素材文件夹到学生的电脑桌面，资源没有结构化整合，零散而碎片化，学生在翻找资源时会浪费一定时间，也会出现错找到下一环节所需的资源的情况。

因此，基于云服务在线学习打造中小学信息技术高效课堂的首要任务是根据学生的实际开展分层教学，实现个性化和针对性教学。

分层教学，首先是认真研究教材，将每一单元的教学目标按由易到难划分为 D—C—B—A 四个层次，相应的教学任务也分为 D—C—B—A 四个层次。

在任务分层的情况下，任务的素材和资源也需要相应分层，即不同的

任务配套的素材资源除部分基础素材外也是基本不同的。因此，教师需要通过对基础共通的案例和任务进行分析和分解，激发学生推举到分层任务中，并且，分层任务并非基础共通任务的知识套用，而是需要学生对原有知识和经验进行内化，进入更深入的学习和理解状态，才能举一反三，融会贯通。在知识内化和升华的过程中，学生的逻辑思维、批判性思维能力和问题分析与解决的能力都能够得到较大提升。

在实际教学过程中，通过教师的引导，通过"云预习""云构建""云拓展"的"一云三段"教学模式进行在线学习，首先解决较低层次的任务和目标，然后向更高级的层次发展，由易到难，逐个解决 D-C-B-A 各层任务，实现整个教学目标，完成整个教学任务。但在学习过程中，不应搞全班统一的行动，而是由学生根据自己的情况发挥自己的学习积极性，灵活地选择。学生能够根据前一章节的作业打分情况对教师分配的分层任务进行选择，如果上节课的作业等级为 D，则可以在任务 D 和 C 之间进行选择，即学生可以选择与上节课作业等级相同或高一难度等级的任务。教师需针对学生的知识掌握程度进行分层任务划分，同时，激励等次较低学生完成好本次任务，争取下节课向更高难度任务挑战。

## 二、依靠工具云服务，提高学生自主学习能力

梅县区教育云平台提供了多种优质的课前备课和课堂交互工具，比如：101 教育 PPT、互动课堂、人人通空间（教育云平台移动客户端）等，能够在信息技术课堂上实现即时互动，比如，电子白板、随机挑人、抢答等能够增强课堂趣味性和互动性；电子白板、拍照上传和实时投屏等能够对重难点、相关操作进行着重分析和重现；小组加分和鼓掌等工具能够激励学生更好地开展自主学习和小组合作，帮助教师高效管理课堂纪律。通过云服务工具能够实现宽松的学习环境、实时交互的学习氛围和个性化的学习需求。

云服务环境提供了丰富的工具供教师选择，许多教师在课堂教学中可能会落入"为工具而工具，为热闹而热闹"的误区，使用大量工具让课堂看

起来热闹、活泼，而工具不但没有承担起对知识和能力的承载和促进作用，反而沦为起哄和喧闹的手段，耽误课程进度，扰乱课堂纪律，舍本逐末，得不偿失。因此，选择云服务工具最重要的依据是，能否对课堂的教学效果起到积极良好的促进作用，如果不能，宁愿不用。

### 三、依靠评价云服务，实现校园互评，即时反馈教学效果

#### 1. 在线检测

在线检测提供了作业批改和相应提示，教师根据本节课所学内容，设置相应的习题测练，能够即时查看作业提交人数、做对做错人数等，根据实时反馈，教师能够及时掌握学生的学习情况，调整教学进度和教学安排，比如，能够对易错点和难点进行针对性的巩固加强，对本节课的实施进行有效的指导和查漏补缺。

#### 2. 教师点评和生生互评

在评价之前，教师需要制定合理、规范的评价指标，由于评价云服务，学生的反馈和评价能够在平台上被可见范围内的其他人浏览（网络空间不加密可以被平台上所有用户查看），因此，教师要引导学生使用文明、规范的语言，依据评价指标作出客观、合理的评价。

初中信息技术课的作业类型一般包括实操型和作品型两种。对于实操型的作业，教师可以让学生通过"作业提交"模块，上传至教师发布的任务菜单，教师与同班同学均可查阅，教师可以对作业进行等级打分和撰写评语，同学之间可以互相点赞和评价；对于作品型的作业，教师可以鼓励学生上传至班级空间或个人实名制网络空间，全校师生均可查阅并留言，不同班级之间的学生可以根据同一任务开展跨班互评，甚至是跨级评价。初中阶段的学生渴望得到他人的肯定评价，做得好的话能够激励他更好地完成学习任务。

### 四、依靠交流云服务，促进云拓展，实现高效课堂

在传统信息技术课教学中，由于资源无法共享，因此课后作业和课后

探究几乎形同虚设。即便学生完成了课后作业，如何提交给教师也是一个大问题。许多学生会通过班主任或 U 盘拷贝等方式将作业转交给信息技术课教师，在这个过程中，浪费了不必要的时间和人力，加重了教师和学生的负担。

云平台提供的教师和学生的实名制个人网络空间可以很好地解决这个问题：学生的课后作业可以通过空间上传；学生在课前、课中、课后进行学习时，遇到问题，可以将问题或截图发布到空间文章，其他同学或教师看到后，可以给予帮助和解答，也可以到教师的空间留言提问，教师可以在课后进行答疑，教师与学生可以在空间中进行无时空限制的交流。

## 五、基于云服务打造初中信息技术高效课堂的实践

以 logo 语言"过程的调用"为例进行基于云服务打造初中信息技术课高效课堂的实践，并采用实验研究验证其有效性。研究对象为本校七年级两个平行班，实验班使用云平台进行授课，对照班不使用其进行授课。通过对比两个班的作业上交份数、作业质量评级及师生交互程度，判断是否实现高效课堂。

### (一) 教学过程

本课的学习目标：通过调用过程绘制正多边形，理解调用过程的含义和准确调用过程的方法，总结调用过程和 repeat 重复命令的区别是本节课的重点，难点是对旋转角度的计算。具体流程如图 2-86 所示。

教学过程如下。

(1) 任务选择

学生通过查看上节课的等次评定，选择与自己等级相同或难度高一级的任务。4 个任务难度呈梯度递增，所涉及的难点分别从一个几何体的旋转角度到两个、从不需计算的角度(正方形、正三角形)到需要计算的角度(五角星、菱形)，从单一的角度计算到前进长度的计算(难度 A 需要计算菱形边长与正十二边形边长的关系)，该任务侧重学生计算思维的培养。

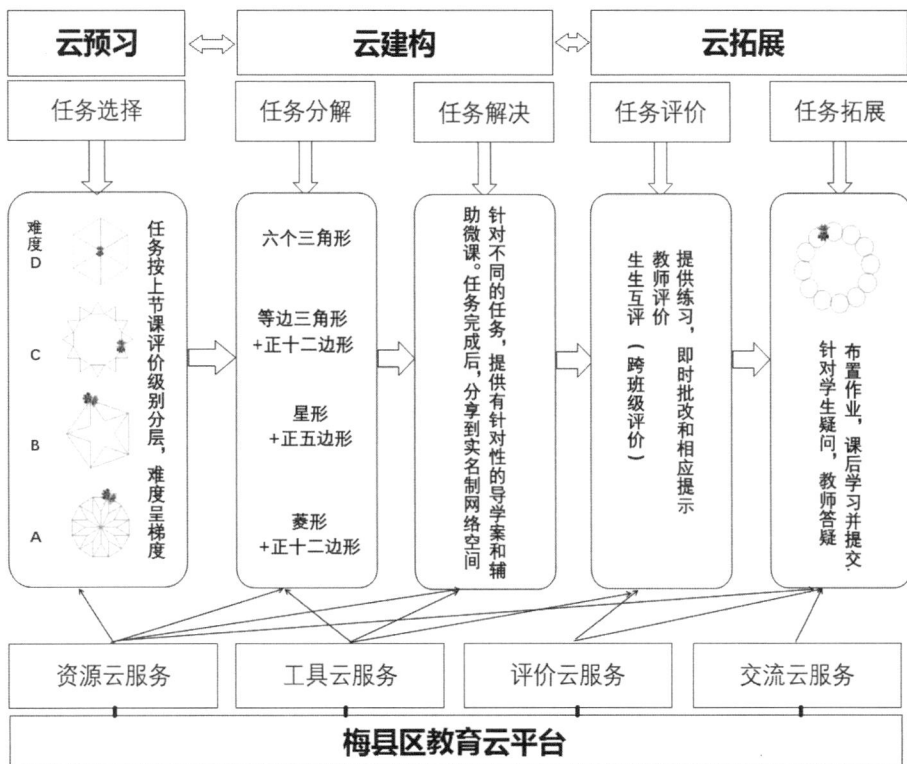

图 2-86　基于云服务的 Logo 语言"过程的调用"教学流程图

（2）任务分解

教师以较基础的"田"字举例，引导学生通过上节课学过的 repeat 命令进行绘制。学生通过编程发现："田"字是由正方形旋转四次绘制而成，但在编程的过程中，有大量重复且冗余的语句，且无法再通过 repeat 精简，此时，学生会对原有知识产生认知冲突，激发对新知识的学习兴趣。此时，小组内可以进行讨论和分析，教师引导学生批判性地思考问题，寻求解决问题的方法。

教师提问学生：能否通过调用"正方形过程名"，来实现"田"字的绘制。学生在尝试后会发现"过程是可以被调用的"这一结论，同时能够总结出调用过程的方法，感受过程调用与 repeat 函数的区别。

　　在明确函数调用的使用方法和效果后，教师引导学生对任务进行再次分解，比如难度 C 的图形实际上是等边三角形加上正十二边形构成的。这时，学生会发现自己所选择的任务相较绘制"田"字，有共同的知识点，也有难度升级的地方，再一次激发对新知识的渴望和探索意识。

　　（3）任务解决

　　学生在对任务进行分析后，部分学习能力较强的学生已经有了初步的构思和设想，在编程部分只差具体的旋转角度和前进长度数值；任务开始三分钟后（防止学生养成疲于思考的习惯），允许部分有疑问的学生通过查阅针对自己选择的任务而制定的导学案和辅助微课，导学案和微课并非针对任务的教程和操作视频，比如，在难度为 D 的对应微课中，只提供了"田"字绘制的编程语句和方法，在难度为 A 的对应微课中，除了"田"字的绘制方法外，还解析了对正六边形中菱形角度的计算方法。这样，不仅能培养学生的自主学习和小组合作的能力，还强化了学生举一反三和应用迁移的能力。

　　在任务进行的过程中，通过云服务工具，教师对率先完成任务的小组进行加分，激发学生任务完成时的紧迫感和成就感；通过举手抢答或随机挑人，总结绘制正多边形旋转角度的规律：repeat x[ fd y rt z ]，$x * z = 360$，促进学生的知识自主建构，答对后小组加分。

　　任务完成后，将绘制的图形与编程语句上传至实名制网络空间。

　　（4）任务评价

　　教师通过查看和对比不同学生对同一任务的编程语句，引导学生对编程习惯和语句结构的思考，并思考和分析第二种完成任务的方法，比如难度等级为 B 的题，可以先绘制星形，再绘制正五边形；也可以先绘制三角形，再旋转五次。接着，根据制定的评价指标——①是否能够实现效果；②是否调用了过程；③语句是否有可改进的空间——使学生对一至两个相同任务的同学的作品进行评价，还可以对之前上过本节课的其他班级同学的作业进行评价。

互评结束后，通过在线检测，完成教师事先制定好的练习题，练习是针对本节课的重难点制定的 2 道填空题，3 道选择题。学生提交完答案后，可以实时查阅自己的得分，根据错题查看答案解析。教师针对错误人数较多的问题，进行重点分析讲解。

（5）任务拓展

布置课后作业：珠串该如何绘制？运用本节课所学知识来完成任务，对所学知识进行重新建构和迁移，并为下节课学习"递归调用"作铺垫。学生在家里也可以登录云平台空间，对任务进行提交和对疑难点进行提问，由教师答疑，对所学知识进行进一步巩固和深化，激发对拓展任务的探索欲望。

## （二）研究结论

课后，通过对实验班和对照班的课堂效果进行检验发现：使用云平台上课的实验班，因为学生在课后可通过平台上交作业，最终作业上交人数为 46 人，作业 A、B 级的比例为 71.74%；而对照班的作业上交人数为 29人，作业 A、B 级的比例为 36.96%。可见，使用云平台进行授课大大提高了学生的学习积极性和学习质量。此外，使用云平台对资源和经验进行系统性整合，使得实验班更易于开展分层教学、因材施教；通过云服务工具进行教学，使得学生课堂参与的积极性和互动性极大提高；在课堂评价环节，使用平台进行发言、讨论、交流，使得不愿意发言和展示的学生都能够参与到交流活动中，并且使拓展探究活动能够有效进行，最后使得大多数学生都能够达成本节课的学习目标。

综上所述，基于云服务的信息技术课堂相较于传统课堂更有优势，教师能够更高效地管理和掌控课堂，使学生更有兴趣地融入课堂学习的情境，极大地方便了教师的教与学生的学。在提升课堂效率和改善教学效果的同时，通过师生双向沟通，促进教师对学生的深入了解。另外，学生的自主学习和合作学习能力、计算思维、创新思维、批判性思维等综合素质都能够得到有效的培养。

# 第三章　疫情下山区中小学开展基于云服务在线学习的研究与实践

## 第一节　首创双云直播和五种收看方式开展在线学习

2020 年初，新型冠状病毒性肺炎疫情严峻，在春季开学不确定日期的情况下，为了切实保障师生生命安全和身体健康，最大限度地减少疫情对中小学教学的影响，严防发生校园聚集性疫情，根据广东省教育厅印发的《关于全力防控疫情确保开学安全的通知》文件精神，梅县区中小学充分利用信息化技术、网络资源和平台开展网络教学、线上答疑、批改作业等学业指导，让学生"停课不停学"①。要在全区开展"停课不停学"网上在线学习活动，对梅县区来讲是一个全新的课题，也是一个全新的挑战。

梅县区地处粤东山区，共有中小学 75 所，学生总人数 72774 人，其中完全中学 9 所，4 所在城区、5 所在农村；初级中学 27 所（含完全中学初中部），5 所在城区、21 所在农村；小学（含区直属小学、镇中心小学、九年一贯制学校）39 所，10 所在城区、29 所在农村。

梅县区中小学校在教育信息化方面和广东省其他发达地区相比，不仅

---

① 广东省教育研究官网—停课不停学——广东高等教育出版社开启课程资源免费下载通道［EB/OL］．（2020-02-13）．http://www.gdhed.edu.cn/publicfiles/business/htmlfiles/gdjyyjy/xstj/202002/525099.html.

学校计算机、投影仪、一体机等硬件设备相差甚远，各学校校园网络及网络带宽等也相差甚远，教师信息化应用能力和发达地区相比也有相当差距，由于教师年龄普遍偏大，很多学校教师平均年龄都超 50 岁，像城区重点中学高级中学教师平均年龄 51 岁，年龄偏大的教师要想具备较高的信息化应用水平相对困难，农村年龄偏大的教师基本不会或很少利用信息化手段进行教学。同时，学生家庭中电脑、平板和手机的拥有率也远低于发达地区。山区的中小学生很多没有佩戴手机，很多家庭没有电脑或平板，在山区城区和农村家庭情况又千差万别，在城区大部分家庭安装有宽带、网络电视或有线电视，而在农村，经调查，还有 30% 的学生家庭没有安装宽带网络，其中一部分主要依托乡村免费无线宽带进行上网，但免费无线宽带基本在村委会附近 1~2 公里才有信号，更多的家庭则是通过手机 4G 信号上网，但在不少偏远的农村地区 4G 信号也很弱，这部分学生上网学习就会受到很大影响。

了解了自身的软、硬件情况后，一开始大家对实施全区性在线学习活动存在很多疑虑，比如，梅县区在山区，能正常开展全区性在线学习吗？梅县区软、硬件设施能支撑全区性在线学习吗？全区性在线教学效果一定会好吗？全区所有中小学生都能实现在线学习吗？学校如何监管学生、如何实现师生互动？在技术上如何实现在线直播？学生通过怎样的方式收看？这些都是我们要考虑的问题。

## 一、精准定位、科学施策

为解决上述疑虑，笔者认为首先在教育局层面要加强领导，做好顶层设计和统筹规划，同时需积极做好宣传发动工作，并充分调动各种社会力量，才能把全区线上教学工作做好。梅县区实施在线教学近 3 个月，取得了良好教育教学效果和广泛积极的社会影响。

1. 领导重视，统一认识

领导重视是做好任何工作的关键，接到省厅有关文件后，区教育局在第一时间成立"停课不停学"工作领导小组，由局长任组长，参与部门有办公室、人事股、教育股、教研室、信息中心等，具体实施工作由教研室负责，技术的实现和保障由信息技术教研员负责。同时，区教育局在 2 月底召开了全区中小学校长云视频会议，专题讨论全区线上教学工作的筹备、宣传发动、工作分工、组织落实等系列问题，形成统一意见，从认识上、理念上、措施上、落实上做了全区动员和部署，为线上教学工作的开展提供了组织保障。

2. 顶层设计，统筹规划

本着"停课不停学"原则和满足全区中小学生的学习需求，梅县区教育局按照"五育"并举、家校协同、统筹与个性兼顾的原则①，发挥全区教育教研力量，有序组织开展线上教育教学工作，从教育局层面进行顶层设计，明确直播方式、直播年级、直播场地、教师选派、收看方式等，同时统筹发挥全区教育教研力量，认真细致地制订线上教学实施方案。

（1）选好录播学校和录课教师

由于参与录播年级多，参与录播教师也多，为了防范聚集性风险，选择城区硬件设施较好的 7 所学校作为录播地点，共设置了 12 间录播教室，一个年级一间录播教室，每间录播教室负责一个年级所有学科网上课程的录制，同时由各学科教研员在全区中小学挑选了 500 多名优秀的、信息化基础较好的教师进行现场录课。

（2）科学设定直播年级

经过宣传动员和组织，我区网上在线学习活动全面铺开，2020 年 2 月 20 日开通了从小学一年级至高中三年级共 12 个年级的网上教学。后来考虑到高三年级和初三年级的特殊性，各校复习进度不同，学生课程掌握程度也不同，因此决定从 2020 年 3 月 1 日起高三年级退出全区统一网上直播教学，改由各校组织个性化的班级在线学习。从 2020 年 3 月 28 日起，初三年级也退出全区统一的网上教学，改由各校组织个性化的班级在线学

---

① 广东省教育厅粤教基函［2020］4 号文——广东省教育厅关于印发《广东省中小学校线上教育工作指引》的通知。

习。后来，我们发现，全区性网上统一教学也存在一些弊端，在教师层面，上网课的教师很辛苦，不用上网课的教师工作积极性变差了；在学生方面，自觉性好的学生学得越来越好，自觉性差的学生学得越来越差。为调动教与学的积极性和促进更多教师参与网上教学，全面提升全区教师信息化运用能力，我区从 2020 年 4 月 16 日起将全区统一的在线学习全部改为各校或各班组织的个性化在线学习。

（3）安排好年级课时和规定上课时长

针对网上教学的特点和各年龄阶段学生认知规律，小学 1—2 年级安排每天 4 节课，上午 3 节，下午 1 节；小学 3—6 年级安排每天 5 节课，上午 3 节，下午 2 节；初中阶段安排每天 6 节课，上午 4 节，下午 2 节；高中阶段安排每天 7 节课，上午 5 节，下午 2 节。其中，每天第一节网课前播放 10 分钟疫情防疫小知识、清明节文明祭祀、植树节等宣传视频，其他每节课时长原则上不超过 20 分钟。

## 二、双云平台，护航直播

开始笔者了解到有些区县开展网上教学时，往往会出现网络瘫痪事故，学生非常着急，家长投诉非常多，社会影响不好，我区开展线上教学压力非常大。经过对有些地区线上教学失败原因认真分析后，笔者认为，采取科学正确的直播方式非常重要，正确的直播方式是我区线上教学和今后在线学习实施成功的关键。

1. 选择合适直播平台，确保在线学习网络正常

在直播平台的选择上，笔者经过认真研究分析，认为在阿里云部署直播平台要比采用本地直播平台更能有效解决平台容量、CDN 加速及三网融合问题。由于梅县区"停课不停学"线上教学活动得到希沃、中国电信、中国移动和本地两家信息技术公司的大力支持，不仅免费提供网络带宽保障，还免费提供录播设备和技术人员支持，其中广州希沃就免费为我区提供同时并发 10 万访问量的云直播平台和 4 套希沃云录播设备，而希沃云直播平台就是部署在阿里云的直播平台，能确保我区 7 万多名师生同时在线

访问，因此我区主要的直播方式就是围绕着希沃云录播平台进行。同时，由于中国电信梅州分公司和奥威亚合作推出梅州市电信云直播平台，并免费为梅县区服务，因此选择奥威亚云直播平台作备份直播。

2. 选择正确直播方式，首创双云直播进行线上教学

用希沃云录播平台进行直播可通过很多种技术路径来实现，为此我们对各种技术路径进行比较和实验，最终选择出一种最适合梅县区的直播方式。

第一种方案是，尝试采用"希沃录播平台+希沃录播"方式：通过希沃录播与希沃录播平台进行 IP 地址绑定对接，希沃录播平台可实现对前端录播设备进行管理、直播预约、实时直播、课程回看等。为实现此技术路线，我们尝试了以下方法。

①录播平台部署在电信机房服务器，录播设备部署在学校内，通过公网 IP 链接平台与录播，实现直播。由于学校与电信之间的网络链路非城域网或专线，为实现录播设备与平台绑定，则需录播主机分配公网 IP，通过公网 IP 才能与录播平台进行绑定对接，否则无法绑定，直播推流无法对接，课程视频无法上传回看。最终由于现实情况，该尝试方法无法实现。

②取消区县级录播平台，为每个学校申请校本录播平台，把平台部署在学校内，避开公网 IP 限制，通过学校内网实现录播平台与录播之间的绑定，实现课程的直播、回看等。但是考虑到学校的网络情况不好、不稳定，且每个学校部署的工作量比较大，也与全区性网上学习不符，因此该方法作为备选方案。

③通过希沃录播平台生成第三方 RTMP 推流地址，地址设置到录播配套的导播软件里，实现课程实时直播。这种直播方式在实时直播时试用过。运用该方式直播完成后，必须把导播软件推流地址还原，否则会影响该录播主机直播及第三方推流直播，同时可能会发生串流现象，影响直播。

采用该直播方式的优势是：录播与平台无缝对接，能够最大程度实现平台的所有功能，包含管理、直播、点播回看等，直播更有现场感。缺点

是：目前版本平台及设备对于网络配置要求较高。经过试验，我们也放弃了该种方法。

第二种方案是，采用"希沃录播平台+第三方推流软件或第三方设备推流"：希沃录播平台能够快速生成第三方设备推流地址，快速对接第三方设备进行直播，结合该优势功能，通过先录制课程，再利用第三方推流软件，对录像重新封装成流媒体数据进行线上推流至希沃录播平台，实现平台直播。为此，我们可以尝试以下两种方法。

①希沃录播平台+第三方设备推流：希沃录播平台生成 RTMP 推流地址，设置到第三方品牌录播设备上，进行公网推流、直播。由于各种品牌的推流方式不一，或部分设备无设置第三方推流功能，使得部分设备无法进行直播推流，该方法无法进行。

②希沃录播平台+第三方推流软件：希沃录播平台生成 RTMP 推流地址，设置到第三方推流软件上，通过第三方推流软件对录像进行音视频解析解码成流媒体数据，传输到希沃录播平台上，从而达到视频直播，其中包含第三方 OBS 推流软件及 AVA 推流软件。该方式能保证在线学习中线上教学课程视频直播的稳定性。

经过笔者的实践对比研究，最终确认采用"希沃云录播平台+第三方推流软件"方式进行在线直播，通过在 7 所学校的 12 间录播教室的 12 套录播设备录制好相关课程并进行集中收集分配，再到一所电脑设备条件较好的学校机房用 24 台电脑进行集中第三方软件推流，实现全区录像直播。这种方式成为梅县区中小学开展在线学习最主要的播放方式。

采用该直播方式的优势是：能够避免录播设备与平台之间对接的网络限制，实现视频直播；录像直播的方式也避免了现场直播可能出现的直播事故。缺点是：没有实时直播的现场感，且推流过程中出现失误，需要对视频重新推流，影响下一个课程的时间进度；另外，若 RTMP 地址配置错误，有可能会出现串流或无法推流等问题。

为了防止单一录播平台出现故障时造成录播和收看中断，确保网上在线学习的正常开展，梅县区在全省首创双云直播平台进行线上直播，分别采用"希沃云录播平台+第三方推流软件"和"奥威亚云录播平台+第三方推流软件"同时进行在线直播,将录好的课程同时通过两个云平台进行直播,以希沃云直播平台为主,以奥威亚云直播平台为辅,师生可根据网络环境自主选择直播平台,不管哪个平台出现收看故障或卡顿,都可快速进行切换。实践证明,在直播过程中我区也出现了两次直播中断事故,一次发生在希沃云录播平台、一次发生奥威亚云直播平台,当某个直播平台出现故障时,及时通过学校群快速引导学生进入另一个直播平台进行收看,最大程度减少了直播事故造成的影响,保证了在线学习的正常进行。

### 三、五种方式、覆盖收看

梅县区地处粤东山区,学生的收看设备无法统一,为了使全区学生都尽可能收看到在线教学的课程,梅县区在全省首创采用 5 种收看方式供师生选择,同时还推送国家、省相关在线学习资源供各级师生配套使用。

1. 通过双云直播平台收看

全区师生可以根据区统一下发的各年级直播二维码,扫码收看在线教学课程,每个年级各有两个直播二维码地址,一个是希沃云直播平台,另一个是奥威亚云直播平台,同时还可利用电脑或平板在浏览器输入每个年级直播网址进行收看,如图 3-1、图 3-2 所示。根据每天对各年级直播数据的统计,在希沃云直播平台,收看师生人数为 5.3 万~5.5 万人;在奥威亚云直播平台,收看师生人数为 5200~6800 人。小学生每天收看直播的人数大约占小学生总人数的 91.3%;初中生每天收看全区直播的人数大约占初中总人数的 70%,其中梅县外国语初中部、东中分校初中部采用本校个性化在线学习平台进行年级直播,晚上由教师指导学生进入区云平台进行针对性点播回看,该部分学生占全区初中生总人数的 15%;高一、二年级学生每天收看直播的人数大约占高中总人数的 72%,其中梅县外国语高中部、东中分校高中部采用本校个性化在线学习平台进行年级直播,该部分学生占全区高一、二年级学生总人数的 19%。每天通过梅县区有线电视台收看直播课程的六年级和九年级学生近 2000 人,全区每天收看直播的师生基本稳定在 6 万人左右。

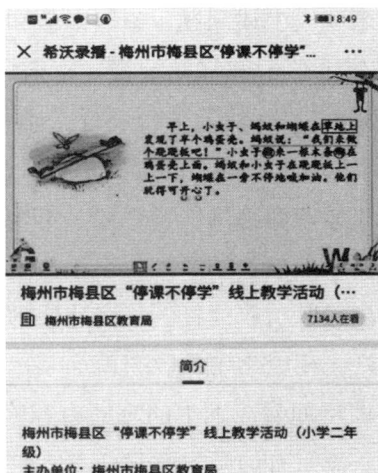

图 3-1 希沃云直播平台（二年级）

图 3-2 奥威亚云直播平台（三年级）

### 2. 通过双运营商云平台点播回看

对于直播课程点播回看全省各地做法不一，一些发达地区就没有采用点播回看，只有直播，他们认为，有了点播功能，学生上直播课就会不认真，或干脆有人不参加直播。但在山区中小学，不是每位学生都有条件参加直播课程，不能参加直播的就需要通过点播回看进行学习。

考虑到部分学生家庭终端工具不足、家长上班期间学生没有手机无法收看直播课程的情况。还有在山区中拥有多个孩子的家庭为数不少，很多家庭不能同时让几个孩子同时收看直播，只能保证一个孩子参加直播，另一个就需要通过点播回看来进行学习。

考虑到学生当天上网课没听明白、理解不透彻、跟不上进度或来不及做笔记等各种原因想重看课程，还有就是山区中小学生平时没有接触过网上直播教学，由于不能现场向老师提问，遇到不明白的地方一下就过去了，对于这部分学生，就需要通过点播回看重新进行学习。

考虑到不同运营商之间网络访问不畅通的情况，比如电信用户访问移动宽带的网络时不畅通，移动用户访问电信宽带的网络时也会不畅通，因此我区首创通过双运营商云端点播回看来解决上述问题。中国电信和中国移动两家运营商分别免费为全区师生提供电信云和移动云视频点播服务，如图3-3、图3-4所示。我们建议，移动用户上移动云平台进行点播回看、电信用户上电信云平台进行点播回看，不同用户只需扫相应的二维码即可进入云平台点播回看，该运行方式解决了运营商跨网卡顿现象。不少区县就是因为只选择一家运营商进行在线直播或点播，结果导致视频收看不畅顺的投诉非常多，在梅县区则很少因为该问题引起的投诉，网速快师生的收看体验就好，学生学习的心情也就会好，相应学生的收获就会多。并且我们基本做到上午的直播内容下午2点即可回看，下午的直播内容晚上6点即可回看。每天通过两个云平台进行点播回看的师生超过2万人，最高峰达4万人，每天点击次数超30万次。

图3-3　移动云点播平台

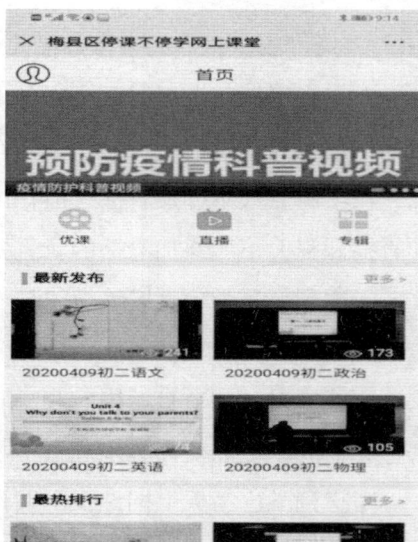

图3-4　电信云点播平台

3. 通过 IPTV 宽带网络电视点播回看

由于手机屏幕小，长时间观看视频眼睛吃力，为保护学生视力，使学生有更好的收看体验，梅县区和移动、电信宽带运营商合作，免费推出 IPTV 视频点播服务，其中梅县区是全省第六个、全市第一个上线广东移动 IPTV 视频点播的，也是全市第一个上线广东电信 IPTV 视频点播的区县。由于教学视频上线 IPTV 需经省级审核，为保证最快上线速度，梅县区和两家运营商达成协议，争取当天视频在第二天晚上 7 点前就能上线。对于移动和电信网络用户，只要有机顶盒就能进行视频点播回看。通过电视高清效果，学生学习会更认真，看得也更清晰，学习效果也更好，该收看方式受到家长学生的普遍欢迎。

具体家庭宽带 IPTV 在线点播观看路径有两种。

（1）中国移动 IPTV

登录中国移动 IPTV—精品—爱家教育—地市教育—梅州市—梅县区（具体课程内容/专区名称），如图 3-5 所示。

图 3-5 中国移动 IPTV 课堂

（2）中国电信 IPTV

登录广东电信 IPTV—爱学频道—停课不停学（进入省厅课程入口）—梅县区—选择年级、日期、课程进行学习，如图 3-6 所示。

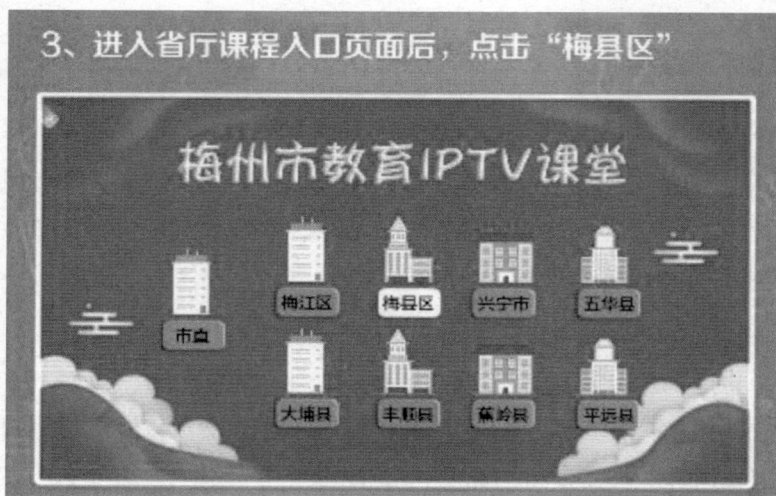

图 3-6　中国电信 IPTV 课堂

4. 通过本地有线电视台固定频道同步推出直播课程

由于梅县区学生家庭中一部分是通过电信和移动宽带网络收看电视节目，还有很大一部分学生家庭安装的是有线电视，这部分家庭无法通过 IPTV 进行视频点播。为进一步覆盖这部分有线电视用户，区教育局和区广播电视台合作，利用有限的地方频道同步进行课程直播，其中梅县区综合频道 22 台和影视频道 23 台分别同步直播初中九年级和小学六年级的课程。这种方式也受到很多家长好评。

5. 通过区云资源公共服务管理平台进行在线课程资源访问

梅县区每天将直播视频同步上传至区资源公共服务管理云平台"停课不停学"栏目，师生可登录 http://mx.mzedu.gov.cn 网址进入云平台点击回看。

通过以上 5 种收看方式，确保了梅县区每一位中小学生都能进行线上学习。

# 第二节　灵活运用各种平台开展班级个性化在线学习

以年级为单位的全区性网上直播教学，统一了全区各学科教学进度，让全区中小学生都能享受最优质的师资资源，保证了教学质量，也让同级同科的教师有一个学习交流的机会，同时又解决了部分学校、部分教师不能上网课的问题，实现了全区在线学习全覆盖。但仅有全区性统一直播教学是远远不够的，还需要各学校以班级为单位的个性化在线学习相辅助，才能实现在线学习的最大效益，因此灵活运用各种适合本年级或本班的个性化在线学习尤为重要。

1. 个性化在线学习的两个阶段

以班级或年级为单位的个性化在线学习活动实际分为两个阶段：第一阶段是全区统一在线学习期间，各校以班级为单位的个性化在线学习主要是起辅助作用，在全区统一直播期间，教师和学生共同收看直播课程，课后教师进入班级个性化在线学习平台布置作业、批改作业和答疑等；第二阶段是停止全区统一在线学习后，各校以班级或年级为单位进行个性化在线学习活动，该过程中教师除需进行在线直播或推荐视频资源外，还需进行组织学生打卡、作业布置、作业批改和答疑等教学工作。

2. 选择适合自己的个性化在线学习平台

一节优秀的课，师生互动、教师答疑等教学活动必不可少，全区性网上直播教学无法真正实现师生互动，直播教师也很难评估上课的效果，更不知道学生对知识的掌握情况。针对这些问题，教研室要求各中小学校每个年级或每个班都要选择一个适合本年级或本班的个性化在线学习平台，同时还要求各中小学校建立各种微信群，比如学校教师群、年级教师群、班级师生群、班级家长群等。在课程直播的同时要求同级同科教师必须和学生一齐收看，要求班主任通过班级在线学习平台查看学生的每天学习情况，学科教师需有针对性地布置作业、批改作业和答疑等，有条件的学校还可开展个性化班级直播教学，实现师生在线互动管理。

以高级中学高三年级各班的网上教学为例，就主要采用班级小管家结合班级师生微信群和班级家长微信群来进行班级管理，也有不少班级采用钉钉进行班级管理。在课前老师通过"e 微"制作微课或用手机录制好当天的课程，每天早上 6 点 30 分班主任通过微信群通知学生起床，学生在小管家打卡并开始体育锻炼和早读，未起床的学生则由家长监督起床。在上课时，教师根据课程安排将事先录好的微课或课程视频发到师生微信群中，让学生在微信群里打开视频进行学习，同时教师将小管家作业链接发到群里，方便学生进入完成，学生在规定时间完成作业后拍照上传。通过在微信中下发课程视频方式解决了学生收看过程中出现的卡顿的现象。学生只要下载了课程就能流畅收看，教师则在小管家中布置作业、批改作业、答疑等，该方式得到家长学生的一致认可，如图 3-7 所示。

3. 梅县区中小学个性化在线学习平台使用情况

目前，梅县区各学校采用的在线学习平台主要有：人人通空间、钉钉、CCtalk、腾讯会议、班级小管家、班小二、作业帮、e 网通等，也有两种平台组合使用。其中，以使用班级小管家或班小二+微信群为最多，其次是钉钉。通过班级个性化在线学习平台的使用，我区的在线教学工作得到真正落实，教学效果也真正得到提升。

比如，大部分小学采用班级小管家或班小二+微信群；课题组实验学校学艺中学使用人人通空间+微信群；外国语学校高中部，初二、初三年级使用钉钉，初一年级使用 CCtalk；第一职业学校则使用腾讯会议+微信群进行在线直播教学；高级中学高一、二年级和宪梓中学初中三个年级则采用希沃云直播平台+微信群进行直播教学。上述各种在线学习平台的网上教学效果都比较好，实践证明，钉钉和 CCtalk 直播教学对网络要求较高，进行直播时发送端和接收端都会经常出现卡顿现象，后期很多使用该平台的教师就将直播改为录播进行。钉钉和 CCtalk 对年轻教师来说容易上手，但对 50 多岁农村教师来说用起来有点困难，所以更多学校和班级采用

图 3-7　学校班级科任通过微信班级小管家和学生互动

班级小管家或班小二+微信群来进行在线班级管理。

## 第三节　开展学科、班级个性化在线学习的几种形式

为进一步调动全区所有教师的工作积极性，进一步促进全区所有教师提升信息化应用的能力，全区在经过近两个月的统一在线直播教学后，分

批次改由各中小学校自行组织网上在线学习，同时也为学校即将复课进行衔接准备。随后一个月的时间内，全区各中小学校根据自身特点开展了丰富、独具特色的班级个性化在线学习。梅县区中小学独具特色的班级个性化在线学习主要有以下几种形式。

## 一、利用希沃录播平台开展以年级为单位的在线学习

以初级中学宪梓中学为例，学生人数超 5000 人，生源来自全区及周边区县，学生有城市的、也有农村的，各家庭的网络终端和网络条件也极不均衡，学校教师年龄差异也很大，老教师基本没有从事网上直播教学的经验，重新学习需要一个过程。全校师生从参加全区统一在线直播教学到由学校自行开展个性化在线学习，如重新引入像钉钉之类的在线直播平台，全校 5000 多名师生手机、平板、电脑都要安装钉钉，困难将非常大，还需进行培训，直播过程中会出现这样或那样的问题，家长和学生的投诉将会非常大。为尽快平稳过渡，该校采用区直播模式，分 3 个年级利用希沃云直播平台统一进行直播教学。

由于宪梓中学本身作为全区统一直播教学初三年级的录播点，学校只需为初一年级和初二年级各加装一套希沃录播平台即可同时为 3 个年级统一开展在线直播教学，班级教师还是使用原微信班级小管家进行在线管理，学校也只需给全校师生重新发 3 个观看直播二维码和一个云端点播回看二维码就行了。在学生端和家长端基本没有变化，影响也就最少。同时为调动年级教师的积极性，各年级分别挑选出各学科优秀的教师轮流录课，也尽量让所有中青年教师都参加直播教学，通过直播教学来培养中青年教师。而学生则可享受学校最优教学资源，实现了双赢。各班级的在线管理则使用原班级小管家+微信群进行，主要用于教师布置作业、批改作业和师生互动交流等教学活动。由于该模式在宪梓中学取得很好的教学效果，本区不少师资较为薄弱的初级中学都直接组织本校师生同步收看宪梓中学的直播课程来实现在线学习，实现效益最大化。

实践证明，采用该模式进行在线直播教学，师生在操作方式上影响最

小，各班的教学进度也能统一，由于是本校老师上课，针对性也更强，教学效果也更好，非常适合人数较多的学校，可以实现由区到校的平稳过渡。梅县区高级中学高一、高二、高三年级，华侨中学高一、高二、高三年级及东中分校初、高中 6 个年级都是采用该模式进行后续个性化在线学习。

## 二、利用人人通空间开展班级在线学习

课题组实验学校学艺中学是市重点初级中学，学生主要来自城区，学生家庭网络终端和网络带宽条件较好，支持使用人人通空间来组织班级在线学习，以下就如何应用人人通空间进行在线学习分析。

### （一）人人通空间教师端和学生端的安装流程

1. 教师端的安装与注册

①打开梅县区教育资源公共服务平台网址：http://mx.mzedu.gov.cn，如图 3-8 所示。

图 3-8　梅县区教育资源公共服务平台

②点击右上角"教学助手"，进入下载页面，点击下载 PC 版，如图 3-9
所示。

图 3-9　教学助手下载界面

③点击右上角"移动端"，通过手机扫码下载 App，如图 3-10 所示。

图 3-10　移动端下载界面

④登录人人通空间 App 平台，单击手机 App 人人通空间，弹出登录界
面，如图 3-11 所示。

图 3-11　人人通空间登录界面

账号：身份证号码。

密码：初始密码(首次登录需先在梅县区教育资源公共服务平台登录进行实名认证、修改密码，方可登录人人通空间 App 进行正常使用)。

⑤打开教学助手，进入登录界面，如图 3-12 所示。

图 3-12　教学助手登录界面

账号：身份证号码。

密码：初始密码(首次登录需先在梅县区教育资源公共服务平台登录

进行实名认证、修改密码，方可登录教学助手软件进行正常使用）。登录教学助手后，需添加当前任课教材版本。

2. 学生端的安装与注册

①打开梅县区教育资源公共服务平台网址：http://mx.mzedu.gov.cn。

②点击右上角"移动端"，通过手机扫码下载 App。

③登录人人通空间 App 平台。

账号：身份证号码。

密码：初始密码（首次登录需先在梅县区教育资源公共服务平台登录进行实名认证、修改密码，方可登录人人通空间 App 进行正常使用）。

## （二）人人通空间平台功能

针对教师用户备课、授课的需要，教学助手客户端包括以下功能：教材资源、课前导学、同步备课、互动课堂、在线检测、课后作业等。

教学助手客户端以云存储的方式，将教师教学所需的碎片化资源保存在云端，各功能模块所需要的资源都由云端提供，资源按照教材的章节目录进行分类。教师在备课前，可以在云端对应的章节目录下准备好需要使用的资源，也可以在课程环节中打开云端直接调用和编辑资源。这种云存储的方式使得教师即使更换电脑也不需要进行文件拷贝，不同电脑登录教学助手都可顺利完成备课、授课的工作。

1. 教材资源

教材资源主要提供云端收集的资源进行编辑加工，并且可以查看和收藏其他用户共享的资源和精品资源。所有的资源都与教材章节目录相关联，方便查找和使用，如图 3-13 所示。

2. 课前导学

课前导学主要的任务是在课前将预习任务推送给学生，如图 3-14 所示。在选择教材对应章节后，可以创建导学，并将导学内容推送到班级学生空间供学生学习。导学由文字型导学和若干素材型导学资源（如文档、视频、图片、习题等）组成。

图 3-13 教材资源

图 3-14 课前导学

3. 同步备课

同步备课主要提供方便快速地备出高质量的课件，如图 3-15 所示。可根据学生课前导学预习的反馈情况，结合教学目标进行授课课件的制作。同步备课同时提供了便捷的课件制作工具，在制作课件的过程中能方便地调用所需资源、素材和学科工具，快速完成课件的制作。

图 3-15　同步备课

### 4. 互动课堂

在课堂中使用电子白板或其他授课工具过程中的录屏和截屏内容都保存和记录在互动课堂里，这些内容可同步发送到学生空间，方便学生课后继续巩固学习，如图 3-16 所示。

图 3-16　互动课堂

5. 在线检测

在线检测主要提供快速组卷，并将检测题发送给学生，同时，系统能自动进行统计分析，将学生完成情况快速反馈给教师，便于教师实时掌握学生学习情况，指导后续教学内容的调整。发送的检测题，学生可以通过授课辅助工具当堂完成，也可以课后在学生空间中完成。

6. 课后作业

课后作业主要是体验式作业或通知类作业，作业类型有图片作业、音频作业、视频作业和通知作业，如图 3-17 所示。教师将作业要求和作业附件发送给学生，并将作业通知发送到家长手机上，学生可通过手机或个人空间完成作业并提交。

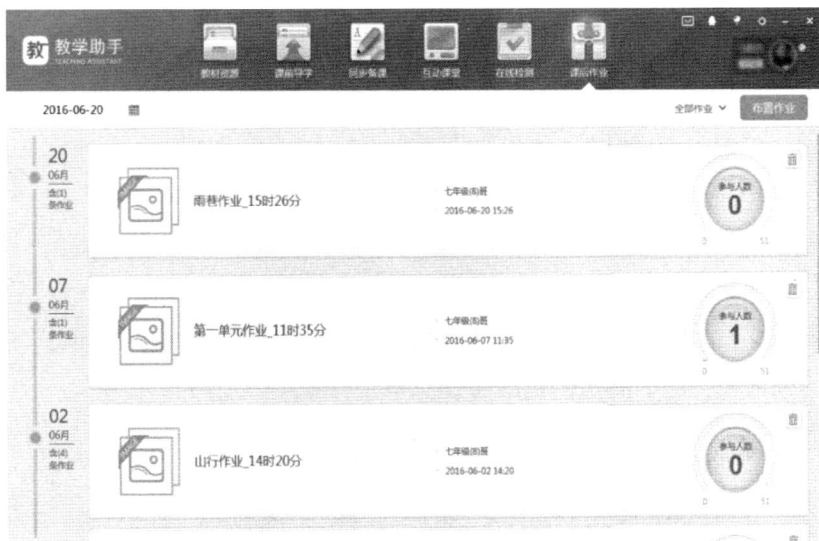

图 3-17　课后作业

教师布置作业后，在"课后作业"中可以看到作业记录，包括作业布置班级、布置时间、要求完成时间和完成作业的学生人数等，如图 3-18 所示。

图 3-18　课后作业记录

## 7. 查阅作业

点击"查看"可查阅学生作业完成情况，包括查看作业详情、学生完成情况和对作业进行评价和输入评语，如图 3-19、图 3-20 所示。

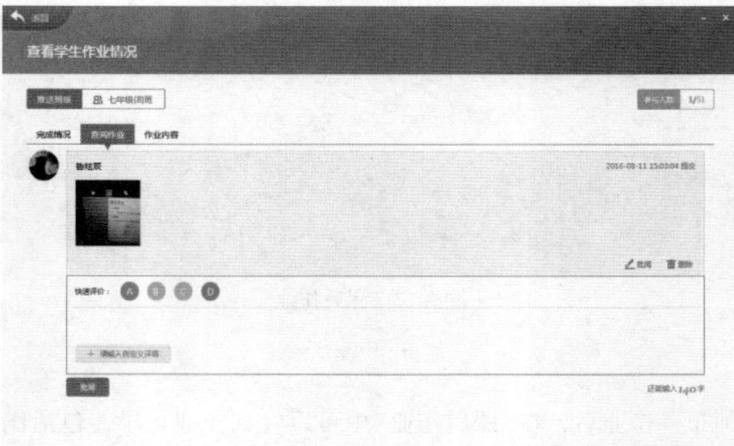

图 3-19　查阅作业

图 3-20 课后作业情况

## （三）以七年级生物"健康及其条件"课为例进行教学分析

### 1. 提前发布课前导学

利用资源平台里的"课前导学"布置预习作业，引导学生分辨健康和不健康的生活方式，进行"云预习"。通过检查学生上传完成的导学图片，发现同学们都能区分健康和不健康的生活方式，都能合理安排时间，保证生活有规律，注重劳逸结合，注意锻炼，不日夜颠倒，保障充足睡眠。从同学们的"课前导学"作业可以知道：同学们关注药品的使用方法，能区分外用药和内服药。

### 2. 结合辅助直播教学

运用班级微信群或其他辅助工具推送教师直播课或录播课。以主题为"合理膳食""戒烟戒酒""按时作息""积极锻炼"等形象生动的美丽画面阐释学生们课前导学的结论，帮助学生进行知识的"云建构"。引导学生养成良好的生活习惯，不仅可以维持健康，还能有效地预防疾病，同时向学生简要介绍心血管疾病和癌症这两大健康杀手，归纳出预防心血管疾病和癌症的关键是养成健康的生活习惯。

3. 课后反馈与回顾

开展在线检测，检查学生完成情况，及时反馈，及时评价。教师在课堂上发起的随堂练习也会及时反馈学生答题情况、答题时间和提交人数等，帮助教师掌握学生的学习状态及学习进度，便于教师及时调整教学策略，还可以反复检查学生提交的家庭作业，高效了解学生有哪些未掌握的共性知识点。课后作业以图片形式上交"利用解读：《世界卫生组织定义10项健康标准》，课前与课后一周后分别进行打分。看看同学们学习后能否健康地生活"，使学生真正对有关"健康及其条件"的知识实现"云拓展"。

## （四）人人通空间平台的优势与不足

1. 人人通空间的优势

①其开放性使师生无论何时何地，只要能连接互联网，就可以进入人人通网络空间进行教学和学习。网络环境对学生来说是时空的解放，宽松的学习氛围更可以使学生发挥聪明才智，在学习活动中相互启发、协作交流，学会交流与合作。

②人人通空间的学习是一种多向的信息交流活动，学生在获取不同的学习资源时可进行比较，集思广益，取长补短，深入理解和消化所学的知识，利于实现对新知识的"云建构"和"云拓展"。

③因学生学习动机呈多样性，学习压力因素各异，而在人人通空间背景下的学习者可根据自身的特点采取不同的学习方法。

④在人人通空间，教学过程可管理，教学效果可评价，反馈及时，节省精力，利于使教师和学生建立良好的互动关系。

2. 人人通空间的不足之处

①还需要扩大网络学习空间的宣传力度和培训力度。在人们了解和接纳的基础上对教师、学生和家长进行培训，使他们能够掌握一些基本的功能操作，以便学习交流。

②学习者在人人通空间背景下学习，使监管弱化，学生不认真听讲、翘课、拖欠作业等现象比较普遍，师生互动功能不够强大，缺少在线监控功能和在线直播功能。

③教师批改作业不便捷，图片出现耗时久；教师组卷功能有待升级，简单化操作，使之更快捷便利；有的教师把网络空间当成布置作业的工具，这忽略和浪费了网络空间的多功能使用；需要对技术进行改革和应用创新，使界面尽可能地简洁美观，简单点击，让人进入后就知道该怎样操作。

④注重和加强优秀产品和优秀案例的发现、总结与推广工作。展示一些优秀的产品和案例，在交流中互相学习、互相提高，这样对网络学习空间的使用会更加完善、利用率会明显提高。

## （五）总结

随着信息技术的发展，像人人通空间的教学为教师工作效率和职业素养的提高及学生的高效学习提供了新思路，如何实现"数字化学习"环境下教与学的变革与创新，如何更好地运用现代科技助力教学发展还有待进一步探索。

## 三、利用钉钉开展班级在线学习

外国语学校初二、初三年级，高级中学初中部和畲江中学等学校则采用钉钉+微信群进行班级在线直播教学，取得了良好教学效果，现就钉钉在线教学的优缺点分析如下。

### （一）钉钉在线教学操作教程

1. 安装和注册

①在手机的应用市场或 App Store 搜寻"钉钉"并下载安装。

②打开软件，点击"同意"进入画面。

③输入手机号码进行注册和登入。

### 2. 班主任创建班级

①如图 3-21 所示，点击【发起群聊】。

图 3-21　发起群聊

②选择建立"班级群"，如图 3-22 所示。

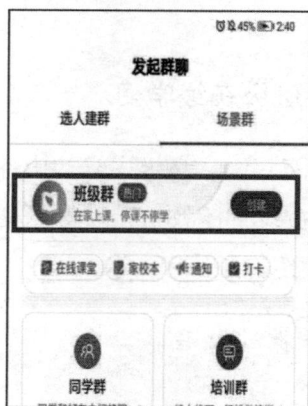

图 3-22　建立班级群

③选择所创立的班级群类型为"师生群"，如图 3-23 所示。

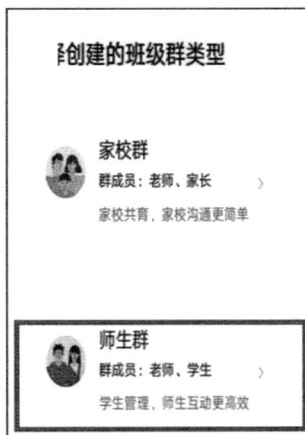

图 3-23 班级群类型为师生群

④填写相关信息，如图 3-24 所示。

图 3-24 填写信息

⑤选择邀请方式，如图 3-25 所示。

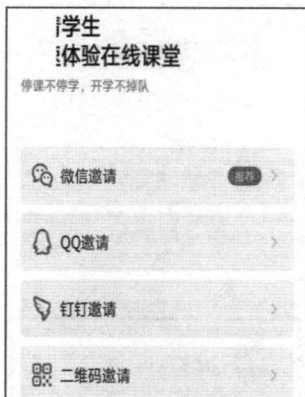

图 3-25　选择邀请方式

⑥比如选择"二维码邀请"，如图 3-26 所示。

图 3-26　二维码邀请

### 3. 教师上课

①教师打开钉钉，登录账号，点击所要上课班级群。

②在功能栏找到 按钮，点击【发起直播】，如图 3-27 所示。

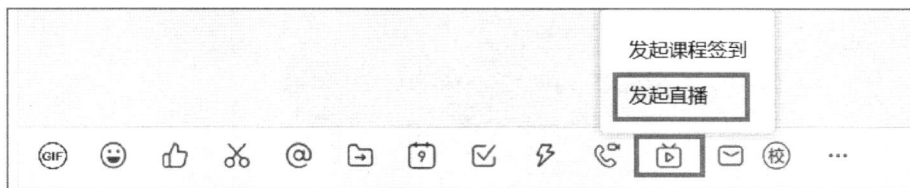

图 3-27　发起直播

③输入直播主题，选择适合的直播模式，勾选"直播保存回放"和"支持连麦"，接着创建直播，如图 3-28、图 3-29、图 3-30 所示。（直播模式分为摄像模式、屏幕分享模式（最常用）和专业模式 3 种。"直播保存回放"方便师生后期多次查看；"支持连麦"开启后学生才能和教师进行语音交流）

图 3-28　输入直播主题

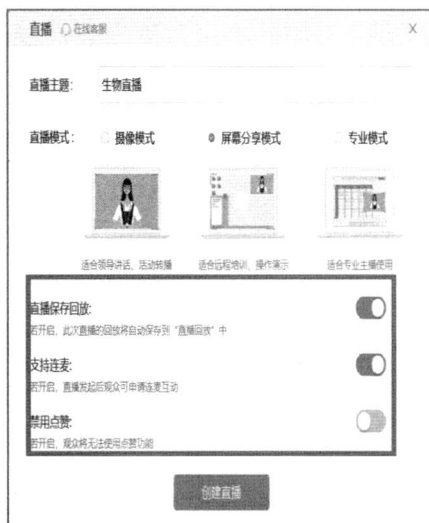

图 3-29　选择直播情况

图 3-30　创建直播

④如果只教一个班级，可在屏幕上方找到功能栏点击"开始直播"，课堂就正式开始，如图 3-31 所示。

图 3-31　开始直播

⑤如果同时教学多个班级，可选择"多群联播"，如图 3-32 所示。

图 3-32　多群联播

a. 点击"添加群联播"，如图 3-33 所示。

b. 勾选所有上课班级群，如图 3-34 所示。

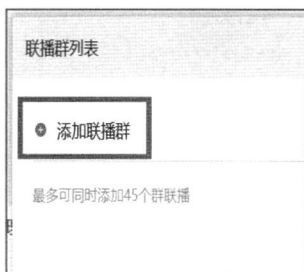

图 3-33 添加联播群

图 3-34 选择班级群

c. 点击"开始直播"，正式开始上课，如图 3-35 所示。

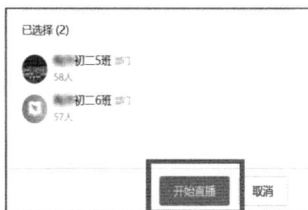

图 3-35 开始多群直播

4. 上课时师生互动

①文字形式。学生可以通过互动面板进行文字交流。

②语音形式。须以教师直播前勾选了"申请连麦"功能为前提。上课时，教师可直接点名某个同学申请连麦，学生申请后教师接受其申请，老师和所有学生即可听到该同学的语音。

5. 直播结束与统计

①结束：教师直接在功能栏点击"结束直播"并选择"是"即可。

②统计：上完课后，平台会统计本节课的相关信息，操作如图 3-36

所示。

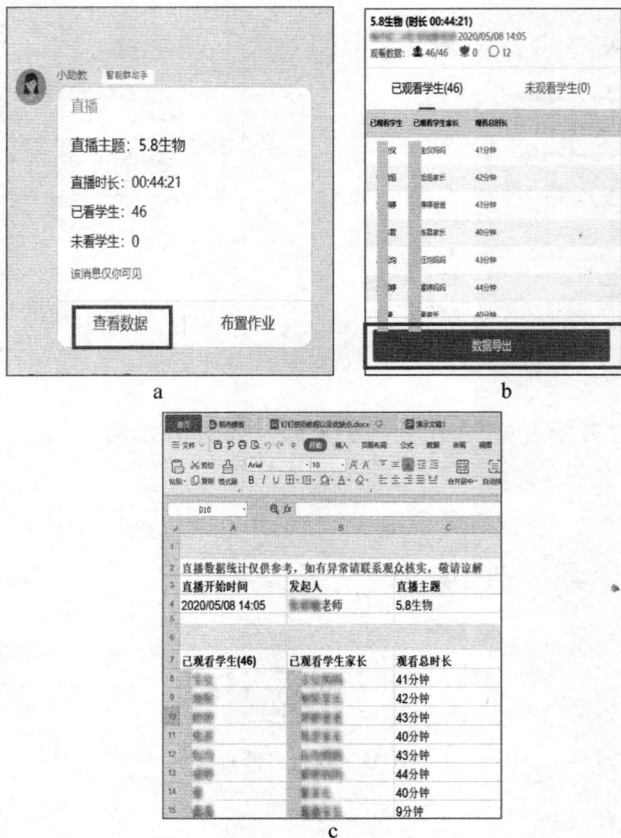

图 3-36　查看直播数据

6. 课后作业

常见的作业布置方法有两种。

第一种：

①选择班级群，在历史信息中找到直播结束的统计信息，点击【布置作业】，如图 3-37 所示；

图 3-37 直播信息

②在作业模板中选择学科，如图 3-38 所示；

③编写作业内容，点击【发布】即可，如图 3-39 所示。

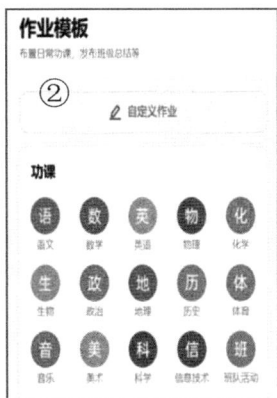

图 3-38 选择学科

图 3-39 发布作业

第二种：

①选择班级群，在任务栏找到"家校本"，点击进去，如图 3-40 所示。

171

图 3-40　家校本

②在作业页面点击【+】，如图 3-41 所示。

图 3-41　添加作业

③选择"发作业"，如图 3-42 所示。

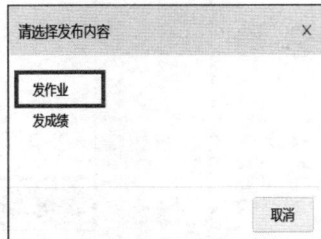

图 3-42　发作业

④在作业模板中，选择学科，如图 3-43 所示。

⑤编写作业内容，点击【发布】即可，如图 3-44 所示。

图 3-43　选择学科

图 3-44　发布作业

## 7. 作业批改

①选择班级群，找到"家校本"，点击进去，如图 3-45 所示。

图 3-45　选择"家校本"

②找到已布置的作业，点击"去批改"，如图 3-46 所示。

图 3-46　去批改作业

③选择学生姓名，如图 3-47 所示。

图 3-47　选择学生

④点开学生的作业进行批改，如图 3-48 所示。

图 3-48　批改作业

⑤批改完成后，写上评语或进行语音点评等，如图 3-49 所示。

图 3-49 提交评语

## （二）使用钉钉进行线上教学的优点分析

钉钉作为网络教学软件，极大地方便了教师的教和学生的学，促进了师生互动、家校联系，让老师、学生和家长更紧密地团结在一起。

1. 教与学不受时间和地点限制

采用钉钉进行网络直播教学，首先具有学生覆盖面广的特点。由于网络的广泛普及，学生不受空间、学生专业的限制，均可参加直播学习①，可以解决地域限制。学生若临时有突发情况，比如家里停电、网络断了不能及时参加直播，还可以自己找时间观看"直播回放"，如图 3-50、图 3-51所示。以初中生物课为例，比如：生物的遗传规律、概率计算等学生较难掌握的知识，也可以通过"直播回放"多次学习，提高学习效率。

① 高欣，李明，吴海平. 网络直播在远程教学中的应用探索——以钉钉直播为例[J]. 办公室自动化，2020(06).

图 3-50　展示软件中"直播回放"

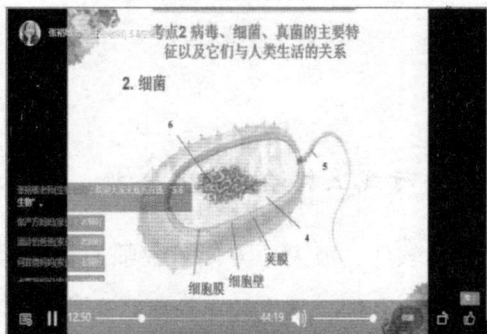

图 3-51　观看"直播回放"再学习

## 2. 课件内容更加清晰化

生物教学和生活联系紧密，教学内容涉及非常多生物的组织结构，比如：讲解花的结构、长骨的结构等。以前在教室里上课，坐在后排的或近视严重的学生，有时很难看清楚课件内容，而网络直播一人一个屏幕，学生可以灵活调整适合自己的屏幕大小、亮度、教师讲课的声音等，课件内容更加清晰，还可以将其投屏到电视上，全家一起观看，如图 3-52、图 3-53 所示。

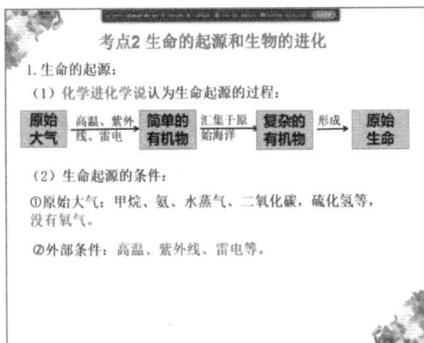

图 3-52　直播屏幕清晰画面

图 3-53　课堂直播投影到电视屏幕

## 3. 师生互动更及时有效

以前布置的作业，一般要第二天上交后教师才能批阅，而现在学生作业完成后拍照就可以提交，软件会统计学生上交情况，如图 3-54 所示，可减轻教师工作量。对于未及时完成作业的同学，教师还可以发信息"提醒家长"。教师打开手机就可以在作业上画圈批改，随时随地，想批改就批改，还可以进行表情、文字或语音评价，如图 3-55、图 3-56 所示。学生的错误能及时纠正，更能激发学生的学习兴趣。此外，学生可以通过"发消息"功能，如图 3-57 所示，和教师探讨题目、加强交流等，使互动变得更方便、快捷、有效。

图 3-54 作业统计

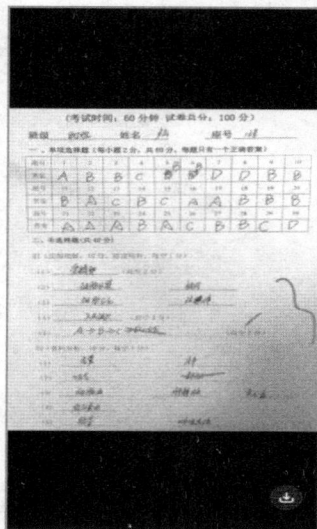

图 3-55 批改作业

图 3-56 作业评价

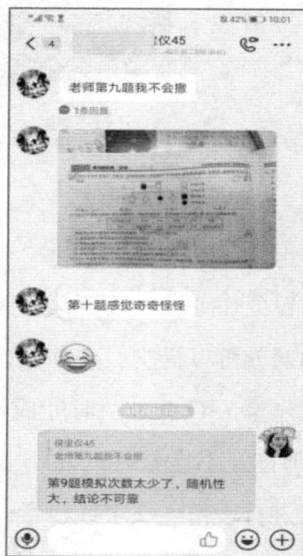

图 3-57 师生交流

4. 教师教学更轻松

以前教学，每节内容都需在各个班级重复一遍，教师工作量大。钉钉提供了"多群联播"功能，可以实现多个班级同时上课，每节内容只需重复一遍，极大地提高了工作效率，促进教师教学良性循环，如图 3-58 所示。

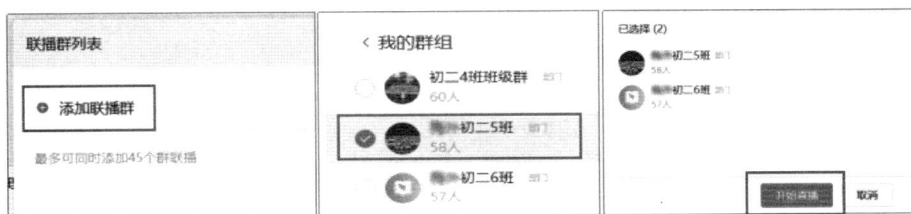

图 3-58 展示"多群联播"功能

5. 资源共享更便捷

钉钉提供了"文件夹"功能，如图 3-59 所示，教师可以将相关资料上传，学生自行下载，方便分享和存放；例如，教师将教学有关的照片发送给各个班级后，照片会自动保存到班级"图片"库里，方便师生寻找和查看，如图 3-60、图 3-61 所示。

图 3-59 文件资料

图 3-60　图片文件夹

图 3-61　展示班级"图片"

## (三)使用钉钉进行在线教学的缺点分析

通过钉钉进行直播教学实践，发现该软件仍存在一些不足的地方，具体如下。

### 1. 课堂互动难实施

直播时，教师面对着电脑屏幕而不是学生的脸，看不到学生的反应，也不清楚学生是否听懂知识，不能及时根据学生的情况来调整上课进程。钉钉虽然提供了"申请连麦"功能，但实施起来非常困难且耗时。一方面，教师和学生要熟悉该功能的操作，要能顺利找到"申请连麦"功能按钮；另一方面，连麦会存在延时，语音质量也不能保障。缺乏和学生之间的及时互动，直接影响到课堂目标的实现。

### 2. 对所需设备和教学环境要求高

线上教学需要计算机、摄像头和话筒等设备，同时对所使用的互联网宽带有一定的要求，硬件的缺失是造成线上教学不能顺利开展的重要因素之一①。在实践过程中就出现过卡顿、语音画面延时、卡退甚至黑屏等情

---

① 周明华，周汉. 翻转课堂在网络直播课程中的教学设计和技术实现[J]. 新教育时代电子杂志(教师版)，2018(4)：232-233.

况(如图 3-62 所示)。此外，对教学环境要求比较高，马路上汽车的引擎声、家里小孩的吵闹声等都会突然进入课堂，打断上课节奏。

图 3-62　展示直播教学网络突发状况

### 3. 课堂教学效果难反馈

以生物学科为例，课堂练习题目一般由选择题和非选择题组成。平时上课，教师通过学生填卡和刷卡可以实现选择题的批改和统计，工作效率非常高。而钉钉未提供试卷导入功能，也就无法对学生的选择题进行统计分析，加大教师的工作难度。同时，钉钉未提供多群"群发功能"，教师发送资料需多次重复，增大工作量。而上传的作业和试卷，需要教师点开每张图片画圈批改，耗时、费眼、伤颈椎，如图 3-63 所示。

### (四)总结

随着互联网和移动设备的发展，利用互联网开展网络教学是教学改革的重要内容。使用钉钉进行线上教学具有课堂教学无法比拟的优势，同时也存在一定的不足，期待钉钉能开发出更优秀的功能，更好地促进线上教学的开展。

## 四、利用 CCtalk 开展班级在线学习

因为 CCtalk 直播平台具有集教与学低门槛、性价比高、易操作于一体

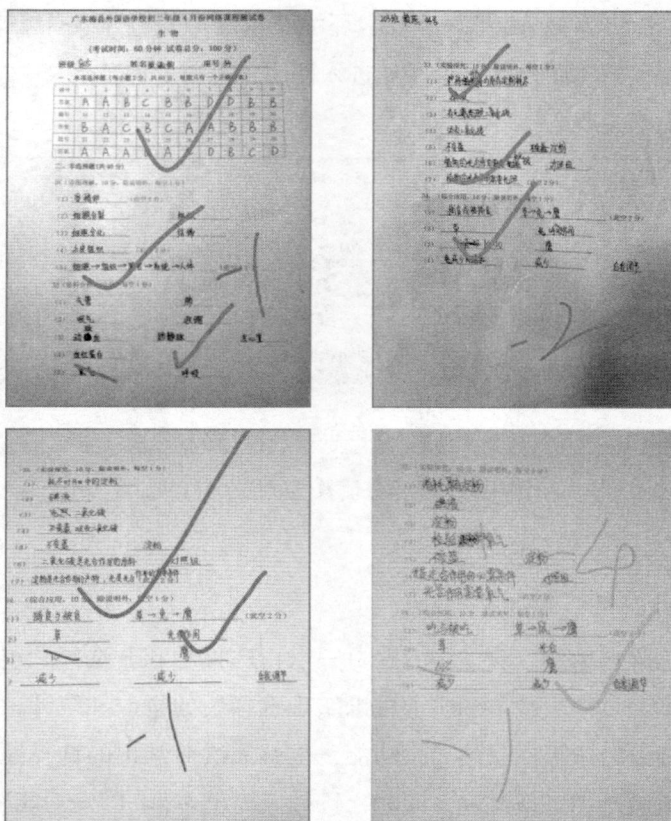

图 3-63 展示批改学生试卷

的特点，外国语学校初一年级采用这一平台进行线上直播互动教学，效果明显，深受师生欢迎。下面从 CCtalk 平台的安装与注册、功能、具体教学实例、优缺点四个方面进行介绍，对其用于线上教学做初步的探索。

## （一）CCtalk 平台的安装与注册

### 1. 教师端的安装与注册

关于教师端的安装和注册主要包括设备、安装与注册三个内容。在设备方面，建议使用笔记本电脑，或者有麦克风的台式机；在安装方面，电脑搜索 CCtalk 官网，在官网下载 PC 端软件即可；在注册方面，包括注册网师—填写个人资料—上传身份证等资格资料—提交并审核—审核通过成为网师—界面建立直播群，按照以上步骤可以完成教师端的注册。

2. 学生端的安装与注册

关于学生端的安装和注册主要也包括设备、安装与注册三个内容。在设备方面，手机、平板、电脑都可以；在安装方面，使用手机、平板或电脑搜索 CCtalk 官网，在官网下载 App；在注册方面，包括注册会员—关注教师，立即报名—点击已加入群，即可参与直播三个环节。

### （二）CCtalk 平台的特色功能

1. 兼容众多平台

学生可以使用手机、平板、电脑终端平台参与直播进行无障碍学习，也可以在这些平台中进行视频的反复学习，兼容了众多平台可以克服设备问题，让更多学生参与进来学习。因智能手机的普及，学生直接参与课堂学习率达 100%。

2. 整合了多样化的教学资源

在 CCtalk 平台界面中，教师可以在语音直播时采取 PPT 屏幕分享、添加教学内容讲义和白板直观讲解、及时播放视频等方式进行教学，同时还可以即时添加随堂练习，发送给学生进行练习和作答。为此，这些多样化的教学资源使得学生就像跨越了空间，仍然在教室上课一样，在教师的引导下，以学生为主体、教师为主导参与到教学中来。

3. 多样化多向实时互动

CCtalk 平台在直播过程中，主要有 3 种方式实现教师与学生、学生与学生之间的互动。第一种互动方式是：教师学生可在讨论区发送图片、文字、表情等进行交流和反馈；第二种方式是：授课讲师可以将语音模式从"控麦模式"切换到"对话模式"，学生可以自由举手发言，也可以由教师点名邀请学生发言；第三种模式是开启摄像头，与学生视频实现面对面教学的互动。这些多样化的互动模式可以让教师与学生之间有更多的交流和互动，增加课堂趣味性，同时提高学习效率。

#### 4. 数据及时统计与反馈

学生在 CCtalk 平台加入班群后，一旦直播开启，教师可以即时从平台界面看到参与直播的人数、不参与的人数与学生名单，这一数据的及时反馈可让教师明确出勤人员和缺席人员。课堂中可以随时添加课堂练习，学生完成后，平台会自动统计好数据，方便教师了解学生的答题和知识掌握情况，以便调整教学策略。待直播结束后，平台也会汇报本次参与直播的最终人数及情况。以上这些数据的及时统计与反馈，使得教学更加有针对性，以便教师更好地组织和管理课堂。

#### 5. 课程重复自主点播回顾

在直播教学中，可以开启录制功能，教学过程的所有环节都会完全录制储存。学生可以根据自己的实际情况，在不同时间对视频中的教学内容有选择地反复研究和重复学习，从而帮助学生突破重点和难点。这一功能可以让学生充分和反复利用资源，引导和帮助学生及时反馈和解答未理解的知识点和遗漏的知识盲点，从而也培养学生自主学习的习惯和能力。

### (三)以七年级生物"心脏"课为例进行教学分析

#### 1. 可提前发布预告内容

在直播前一天教师可在 CCtalk 平台中向学生发布"心脏"课的内容预告，如图 3-64 所示，这可以提前让学生明确教师在直播时的具体时间和内

图 3-64　发布预告

容并做好预习。其中，在发布的预告中教师可以插入与内容相关联的图片，还可以用文字的方式简单介绍本课内容。这些都充分调动了教师和学生在教与学这个双边活动中的积极性和主动性。

2. 线上直播教学

在直播时教师端可以选择好直播模式，如图 3-65 所示，其中选择第一种极速模式后，在后续呈现 PPT 时将会出现无动画模式，如果需要动画来进行教学，则不建议采用这一模式；第二种普通模式是笔者最常用的，这一模式全屏幕分享后会原原本本地呈现所有 PPT 的画面，教师可循序渐进地进行教学，达到更好的教学效果；第三种高清模式需要开通会员并购买和持续续费，这种直播模式成本较高，教师可以根据自身需求购买。

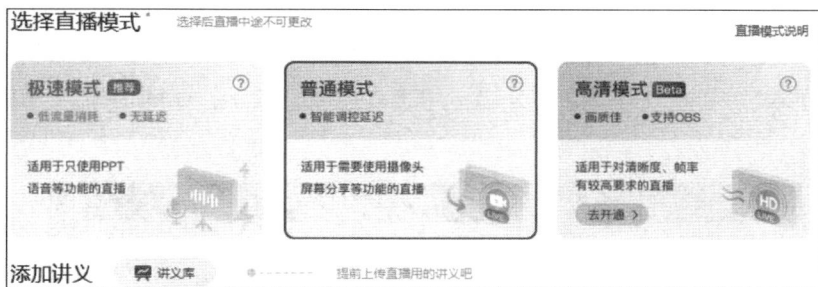

图 3-65 直播模式

选好直播模式为普通模式后将进入语音直播界面，如图 3-66 所示，这一项操作需要提前完成，作用在于引导学生提早进入直播课堂，等待上课，避免有时因网络等原因造成延迟进入。在这一直播的界面中有录制、讲义库、屏幕分享、多媒体、白板、随堂练习的按钮，教师可以自行决定使用哪一种教学资源。开启录制按钮，方便学生反复研究课堂内容，查漏补缺，突破重难点。摄像头则需要教师提前调试好，便于在直播教学中与学生进行面对面交流与互动。多媒体点击后可链接到视频和音频所在文件夹进行播放。

图 3-66　语音直播界面

教师需要在课前提前上传内容到讲义库，可以是 PPT 格式也可以是文档的形式，直播时可以点击开启，用于直播课堂教学，如图 3-67 所示。

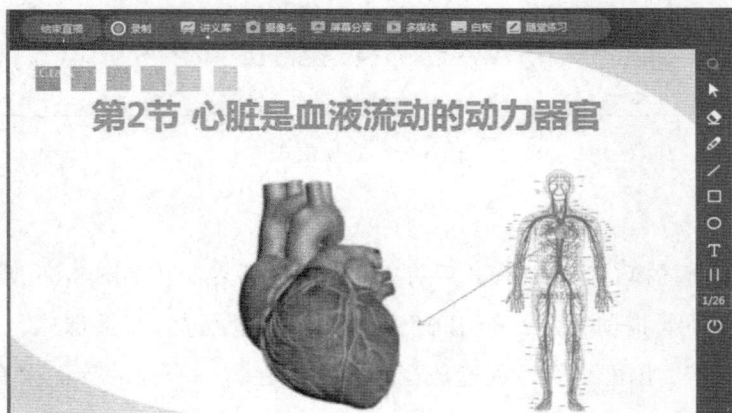

图 3-67　开启讲义库

屏幕分享包括全屏分享、窗口分享、区域分享，其中全屏分享是最值得推荐的，也即将教师的整个电脑屏幕分享给学生，任何资料都可按照原来的格式完整呈现，如图 3-68 所示。

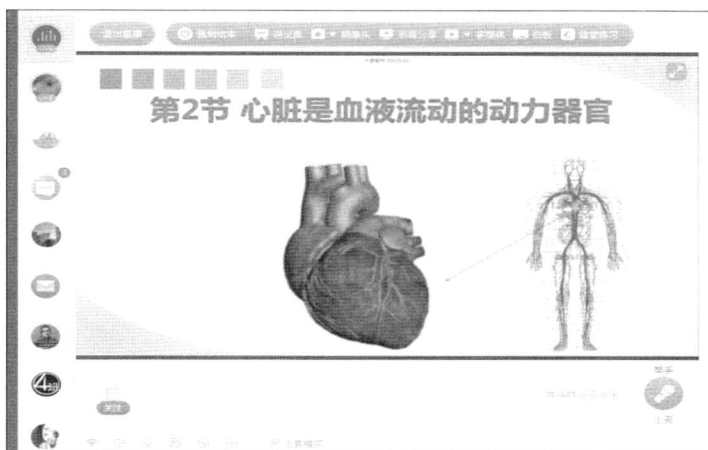

图 3-68　全屏分享的学生界面

白板可相当于黑板功能，如图 3-69 所示，教师可将需要进行书写的内容在此展示。

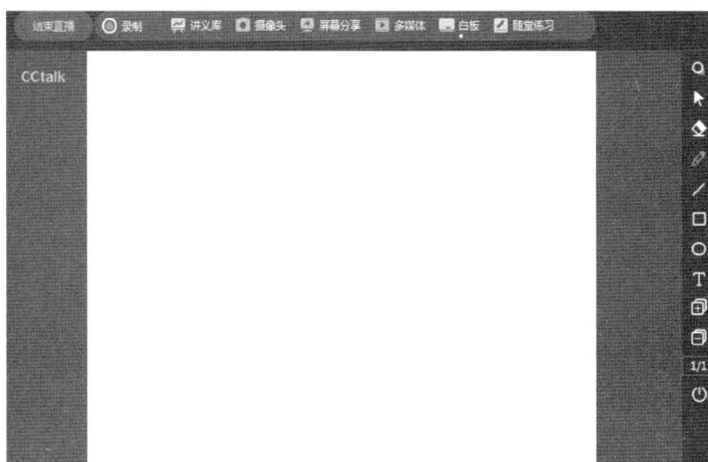

图 3-69　白板

关于随堂练习，教师要提前编辑好，并在直播课堂中发起分享，学生即时参与练习，如图 3-70 所示。

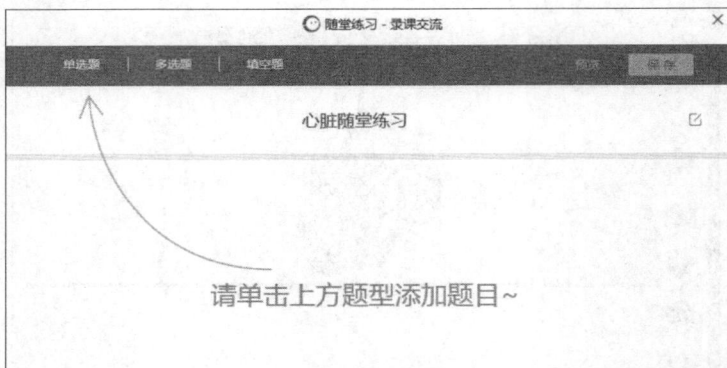

图 3-70　随堂练习

3. 课后数据反馈与回顾

整个直播过程中，学生参与人数和人员可以直接在 CCtalk 平台界面中反馈出来，相当于点名的功能；直播结束后参与人员也会及时汇报，这些都便于教师对课堂进行管理，如图 3-71、图 3-72 所示。

图 3-71　参与人数反馈

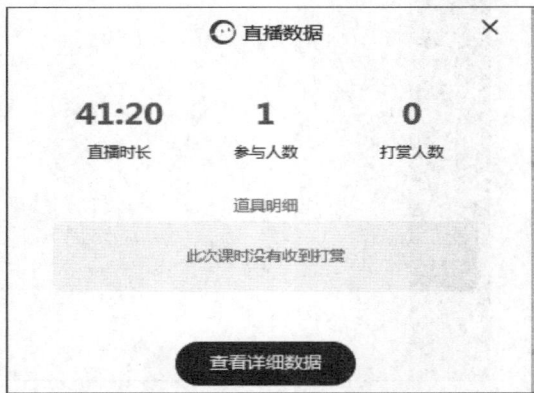

图 3-72　直播数据

另外，教师在课堂上发起的随堂练习也会及时反馈学生答题完成情况、作答的时间和提交人数等，这些可帮助教师掌握学生的学习进度，便于及时调整教学策略，如图 3-73 所示。

图 3-73　随堂练习反馈

### (四) CCtalk 平台的优势与不足

1. CCtalk 平台的优势

(1) 突破了时空限制，无障碍教学

CCtalk 平台通过建立班群的方式，将不同地域的学生集合于这一平台，还可兼容多平台在统一时间同时参与直播课堂，进行无障碍教学。这一信息化平台打破了传统的教学模式，将线下教学转为线上教学，实现了"停课不停教、不停学"的目的。

原本教师与学生的教与学活动只发生在教室中，家长也较难了解到学生的在校学习状态，利用这一网络平台，家长与教师的联系加强了，实现了隔空交流；家长对学生在课堂上的状态一目了然，还可以与学生一起参与到课堂中。这些都可以让家长及时了解学生的学习状态，增进了家长、教师和学校的沟通①。

---

①　周裕德. 依托网络直播平台促进教学课堂延伸的探索——以 CCtalk 平台线上教学为例[J]. 教育信息技术，2018(03)：74-76.

（2）利用信息化平台营造了良好的课堂氛围，提高了学习效率

CCtalk 平台中有较丰富的资源，师生可以通过讨论区、语音、视频的方式进行多方式、多向的交流和互动，模拟在教室中上课的场景，营造了良好的课堂氛围。随堂练习的设置，可以跟随教学的节奏，及时推送给学生进行练习和巩固。教师可通过答题的数据了解学生学习的情况。这些方式与传统方式相比较为新颖，可调动学生的学习积极性和主动性，同时也提高了学习的效率①。

（3）重复回顾，培养自主学习能力

CCtalk 平台直播教学的全过程可通过录制功能进行录制。个别学生因为网络的问题或者其他因素造成未能及时参与教学，都可以进行无时间、无地点限制的回播学习。如若学生对于本节内容的知识尚有未理解的，也可以进行有选择的回听学习。这些都充分利用了视频储存的资源，培养了学生自主学习的能力。

（4）录屏应用突破线下知识重点和难点

CCtalk 平台有录制视频的功能，教师可以利用这一资源进行重难点知识讲解的录制，形成微课资源②，用于线下的教学，供学生反复进行知识点的研究，帮助学生突破重难点；也可以将微课推送给学生，提前在家进行观看学习，达到自主学习的效果。

（5）优化师资配置，减轻教师负担

CCtalk 平台建立的直播群，人数容量大，可进行小班教学，也可以进行大班教学。为此，非考试科目可以将整个年级的学生进行同时的在线教学，减轻了教师班级数目多的负担。而考试科目也可以将班级建立成合适的人员参加，减少了教师上课的课时。与此同时，同一科目的教师可以实现轮流排班，减轻教师上课的次数，充分备好课程，精细化教学策略和手

---

①　刘雁农，邢建华. 用 CCtalk 开启农村学校智慧教学新途径[J]. 实验教学与仪器，2018，35（Z1）：98-99.

②　王新仓，范智勤，杜爱英. 借助 CCtalk 促进"翻转课堂"在农村小学数学教学中的运用探究[J]. 现代教育科学，2018（04）：90-94.

段，从而提高教学质量。

2. CCtalk 平台的不足之处

（1）直播需要较强的网络信号支持

直播教学对网络信号的要求较高，在一些较为偏远的地区常常会出现卡顿或者进不来直播的问题，使得部分学生无法及时参与到教师和同学的互动，影响了学生学习的情绪和学习的效果。

（2）班群直播界面部分功能不可叠加使用

CCtalk 平台直播过程中界面上的讲义库、屏幕分享、多媒体、白板四个功能只能独立进行操作，不可叠加使用，这会造成教学不便。

（3）直播教学对学生督促力度不够

由于直播过程中，教师无须管理课堂纪律，学生在线学习主要依靠家长在旁监督，对于自觉、自律性强而且好学的学生来讲，这种上课模式可以极大地培养和促进学生自主学习能力，但对于自律性差的以及无家长监督的学生，直播教学将会出现学生上课挂直播、无心听课、走神等情况。

## （五）总结

借助 CCtalk 直播平台，极大地发挥了信息技术的优势，解决了学生不能返校复学复课的问题。同时将信息技术应用于学科教学中，促进了信息技术与学科间的有机融合。这转变了传统的教学模式，将线上与线下教学恰当应用和切换，为教师增加了更多的教学手段，为传统课堂注入新的活力。这次尝试也值得教育界对新的教学模式进行更多的思考。

## 五、利用班级小管家+微信群开展班级在线学习

梅县区宪梓中学在全区统一在线直播和学校利用希沃直播平台开展班级个性化直播教学期间，利用班级小管家完成对学生课后督促、批改作业、检查学习效果，对疫情条件下在线学习起到了很好的作用。下面从班级小管家的安装、功能、优缺点三个方面进行介绍，对其用于线上教学辅助工具做初步的探索。

## （一）如何进入班级小管家程序

班级小管家不用下载，不用安装，它是一个微信小程序，只要有微信就可以使用：打开微信—搜索班级小管家—进入小程序，或通过扫描二维码打开，方便简单。

如果是教师，进入小管家后，点击微信登录，然后点击最下方按钮"初始化班级信息"，填写好班级信息后，转发到班级微信群，就可以使用班级小管家了。

进入班级小管家后，如果是第一次进入，需要先选择自己的身份。点击"微信授权登录"，再点击"允许"，即可成功登录班级小管家小程序，如图 3-74、图 3-75 所示。

图 3-74 选择身份

图 3-75 微信授权登录班级小管家

## （二）班级小管家的功能

班级小管家里有班级广播和我的班级，较常使用的是班级广播。班级小管家的功能主要有：发布作业、发布打卡、成绩管理(家长互不可见)、调查问卷、英语跟读、听写、私信聊天(不用加微信)、电脑发布微信作业、红花点评、微信作业统计、人员分组、班级网盘、班级音乐相册、口算智能批阅、自动生成通讯录、点兵点将、课代表权限、校领导权限、课程表，并且支持视频、语音、拍照、附件(Word、PPT等)、签字等方式布置作业和反馈作业。最常用的是通知、打卡、布置作业、成绩统计、填表、分享、在线测试等功能，如图3-76所示。教师提前一天在班级小管家发出通知，让学生预习明天教育局统一直播课的上课内容，然后根据课程内容，布置相关的作业让学生完成，如图3-77所示。

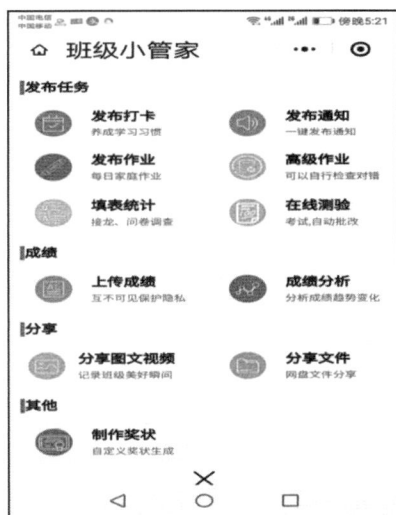

图 3-76　班级小管家功能

图 3-77　班级小管家发布作业

检查作业的方式包括语音、拍照。语音一般用于检查学生背诵的情况，拍照用于检查、批改学生的作业。批改作业可以直接在学生上传的图片上圈点勾画批阅，还有奖红花、点赞、评论、分享等功能，还可以定时发送小测题目，如高级发布，或者系统自改。一键点赞、批量批改可以减轻教师的工作量。小程序会统计作业提交的情况，如果提交率过低，教师可以提醒学生或复制名单告知家长，方便教师检查学生上交作业情况。如图 3-78 所示。

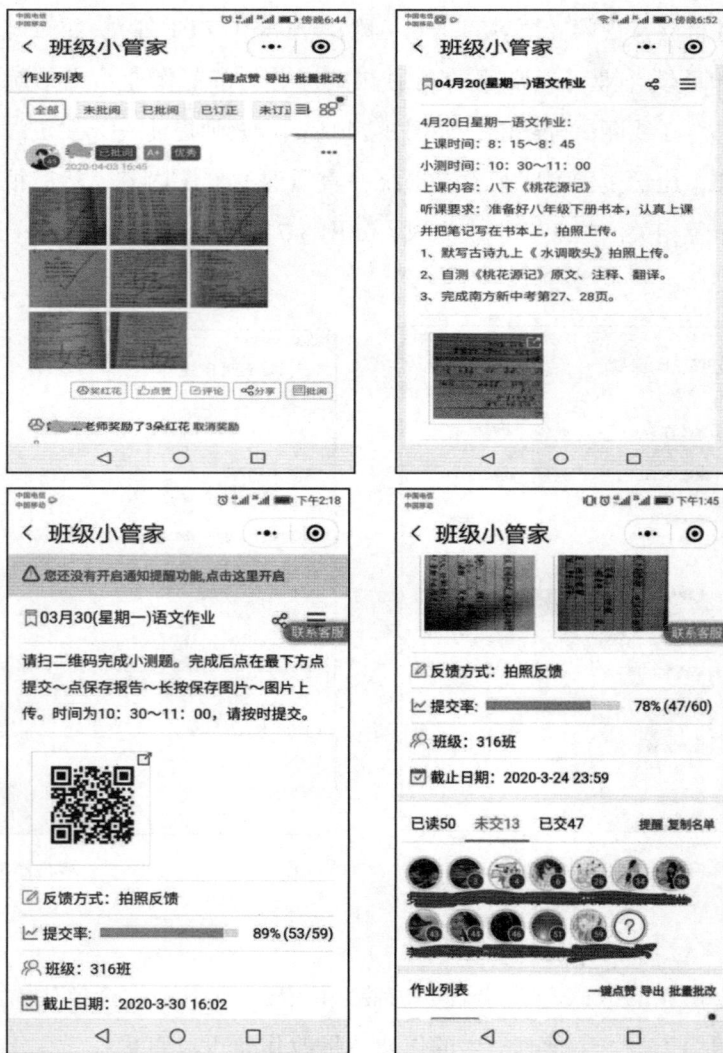

图 3-78　检查作业

### (三)使用班级小管家的优点分析

我校的大部分教师在这次疫情期间使用班级小管家，因为学校学生来自四面八方，家庭情况迥异，班级小管家对使用环境、信号、手机要求不高，功能丰富，支持多种功能和反馈数据，操作简单方便，只要有微信就可以找到小程序，不用下载安装，直接在微信里打开使用，家长更容易配合使用。其界面简单，通知、作业、打卡反馈情况一目了然，作业统计清晰易用，发布作业或者通知后，可以清楚看到哪些学生收到，哪些学生反馈了，清晰直观。学生可以通过各种方式提交作业，教师也可以通过语音等评价作业，涂鸦批阅图片作业等。

在校布置的作业，一般要第二天上交后教师才能批阅，而现在学生作业完成后拍照就可以提交，班级小管家会统计学生的提交率，对有些"拖拉"的学生起到督促的作用。对于未及时完成作业的学生，教师还可以发信息"提醒家长"。教师随时随地可以打开手机在作业上批改，还可以进行表情、文字或点赞、奖红花等鼓励方式。此外，学生可以通过"发消息"功能，和教师探讨题目、加强交流等，使互动变得更方便、快捷、有效。

我校教师的平均年龄在40岁，一部分老师年纪较大，对复杂的平台较难上手，班级小管家的简单便捷极大地方便了这些教师的操作使用。

### (四)使用班级小管家的缺点分析

班级小管家的最大缺点是不能教学直播，如果没有教育局的统一在线教学，班级小管家是满足不了"停课不停教"的要求的，须在微信上组建一个班级学习群，才能"提醒""分享"，而上传的作业和试卷，需要教师点开每张图片画圈批改，虽然翻页速度较快，但在图片上写字点评不太流畅，书写字数少，只好找"点评"功能，比较费时。

### (五)总结

这次疫情让一线教师感受到了网络教学的优点和不足，也陷入了深思：利用网络教学、小程序布置作业方便了很多，但也存在一些突出问题，如学生不听课、不参与交流、不完成作业、拒收一切信息、视力受损等；个别教师不重视教学反馈，敷衍改作；对学生的德育教育欠缺，缺乏心理疏导，家校交流不积极等，这些都有待积极进一步探索，寻求相应的解决对策。

## 六、利用班小二+腾讯会议开展班级在线学习

梅县区第一职业学校在"停课不停学"期间积极开展"云上课"，根据学生所拥有的设备等实际情况选用了班小二+腾讯会议混合模式进行"云上课"。下面就从班小二和腾讯会议的安装使用、功能特点、教学案例和优缺点等方面进行介绍。

### (一) 班小二和腾讯会议简介

1. 班小二小程序的使用

班小二是一个免费的微信班级管理小程序，涵盖了班级通知、班级相册、报名接龙、打卡、布置作业、班费收缴等功能服务，有效地解决了群消息混乱、无统计、无反馈、无留存的痛点，让教师和家长沟通协作更简单高效。

①教师进入方式有两种：

a. 微信主界面内点击右上角"+"号→扫一扫→扫描页面小程序码→打开小程序；

b. 微信主界面下方→发现→小程序，里面搜索"班小二"，找到并打开。

②教师创建班级：

新用户：从微信搜索小程序"班小二"进入引导页→跳过引导页→创建我的班级→选择角色→允许→点击班级名称(完成班级资料)→保存。

③邀请加班：个人中心界面→邀请班级成员加入→选一种方式(方式一：通过班级码邀请；方式二：通过班级微信群邀请)。

④学生进入方式：

在班微信群点击班小二的邀请图链接→加入班级→填写学生姓名、学号→选中"我已阅读"→确认，即可进入班小二进行打卡、完成作业。如图3-79所示。

图 3-79　学生进入班小二过程

## 2. 腾讯会议的使用

主要功能：腾讯会议是腾讯云旗下的一款音视频会议产品，于 2019 年12 月底上线，具有 300 人在线会议、全平台一键接入、音视频智能降噪、美颜、背景虚化、锁定会议、屏幕水印等功能。该软件提供实时共享屏幕、支持在线文档协作。

腾讯会议单场会议最多支持 300 人在线，会议数量不限，可以通过手机、平板、个人电脑等方式使用，支持安卓、iOS、Windows、MacOS 多种系统，开会过程中可播放 PPT、PDF、Word 等多种类型文件。

（1）教师手机端安装方式

在手机应用市场下载腾讯会议软件后安装，点击【同意】，进行新用户注册，注册完成即可进入软件主界面，如图 3-80 所示。

图 3-80　教师手机端安装

（2）教师电脑端安装方式

搜索腾讯会议软件主页，下载电脑端软件，安装完成后首先进行新用户注册，可以使用手机号发送验证码进行注册，也可以使用微信直接扫码注册。注册完成后进入腾讯会议软件界面，如图 3-81 所示。

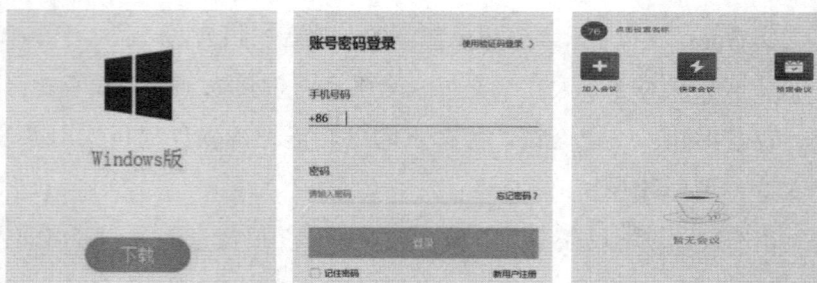

图 3-81　教师电脑端安装

（3）学生手机进入方式

可以通过以下两种方式进入会议，参与直播上课。

①教师可以选择快速会议，进入软件主界面。这时，还没有学生加入，教师点击主界面下边的"邀请"，出现教师将上课的会议链接和 ID 号，点击复制到学生所在的微信群或 QQ 群。学生在手机或电脑上点击链接，或在自己的设备端腾讯会议软件上输入 ID 号，就可以加入教师的授课。

② 学生用手机在微信班级群中点击教师发出的"预定的会议"链接，点击【小程序入会】即可进入。

经过测试验证，微信小程序有一定的不稳定性，为了保证会议直播质量，建议选择使用安装客户端的方式使用腾讯会议，安装后占用手机容量不大。

**(二)班小二+腾讯会议混合模式教学的特色功能**

1. 操作简便，软件占手机容量少

学生可以直接使用手机微信点击教师发在群里的"预定的会议"链接，就可参与腾讯会议直播，进行无障碍学习，点击班小二打卡等链接即可进行打卡、完成作业，并对视频、音频等反复学习。因智能手机的普及，学生直接参与课堂学习率可达 100%。

2. 教学资源及策略的多样化

在混合模式的教学中，教师可以在班小二"我的班级"界面中的"班级文件"中上传教学资源，也可在"新建打卡主题"中添加图片、音频、视频等资源；在腾讯会议界面中可以分享屏幕，通过语音或视频直接与学生面对面进行教与学的交流，同时还可以即时在微信班级群中发送课堂练习，让学生进行练习和作答。在这些多样化的教学资源和混合模式的教学策略下，虽然教师和学生都分别在各自家中，但通过媒体设备和软件，师生跨越空间，就像仍在教室上课一样，使学生在教师的引导下进行学习。

3. 实时互动多样化

在混合模式教学中，可以通过 3 种方式实现师生互动。一是在微信班群中发送文字、语音、表情等进行交流、反馈；二是教师使用腾讯会议中的语音功能点名学生直接发言；三是使用腾讯会议中的视频功能，开启手机摄像头，与学生进行视频互动。实时互动的多样化增加了师生之间的交流、互动，活跃了网络课堂气氛，提高了学习效率。

4. 参与人数的统计与反馈

学生在班小二打卡后，教师可以在"打卡详情"界面的"打卡记录"里查看已打卡和未打卡人数与名单。同时，在腾讯会议的"会议室"中可以查看学生参与人数和姓名。综合这些反馈的数据，上课教师可以明确哪些学生真正参与到网络课堂，哪些学生打卡后就干其他事而不是真正参与网络学习。

在班小二的作业记录中教师可对学生的作业进行批改，了解学生的答题和知识掌握情况，可查看学生查看作业任务的人数、已交作业的人数和未交作业的人数与名单，亦可以对未交作业的学生进行催交。

### （三）以"网上开店"课程为例进行教学分析

1. 课前设置并在班群发布打卡任务、预定会议

上课前，教师在班小二小程序"我的班级"界面的"打卡"功能里"新建打卡主题"，设置打卡时间段、是否自动奖励红花、打卡截止日期，在打卡主题及规则说明里作打卡的提醒、明确上课时间、学习要求，上传学习课件等。最后点击"转发"至班群形成一个打卡链接。如图 3-82 所示。

图 3-82　新建打卡

在腾讯会议界面中点击【预定会议】，设置会议开始和结束时间等，点击【完成】，进入"会议详情"界面，点击右上角【转发】钮转发至班级群，形成预定会议链接，如图 3-83 所示。

图 3-83　预定会议

## 2. 课中混合模式线上教学

上课打卡时间段到了，学生在微信班级群或年级群点击打卡链接进行打卡，然后点击"预定的会议"链接实名进入腾讯会议等待参与学习。在腾讯会议直播室，可以直接看到参与学习的学生总人数和姓名，教师点击左下角【解除静音】按钮就可直接讲课、提问题，同时把所提问题内容发至班级群或年级群，学生思考后可直接在群里发出答案或自行在手机上"解除静音"回答问题。为了防止学生只挂机不听课，有时教师也会直接点名，要求语音或打开视频回答，直播室中师生即可听到、看到该同学的语音或视频。在需要讲解实际操作时，教师可在直播室界面下方点击【共享屏幕】，把操作步骤呈现在学生的手机屏幕上。如图 3-84、图 3-85 所示。

图 3-84　会议邀请

### 3. 作业布置和反馈

教师在上课之前设置打卡等链接的同时，对学生要完成的作业任务进行设置。在"我的班级"界面中选择"作业"→"布置作业"（作业记录列表界面）→输入作业内容、设置作业截止时间、上传方式、是否自动奖励红花等→"完成创建"→"点此转发至微信班群"形成作业链接。在网络课堂中，教师可把预选设置好的作业链接发至班或级微信群，学生按照要求自主学

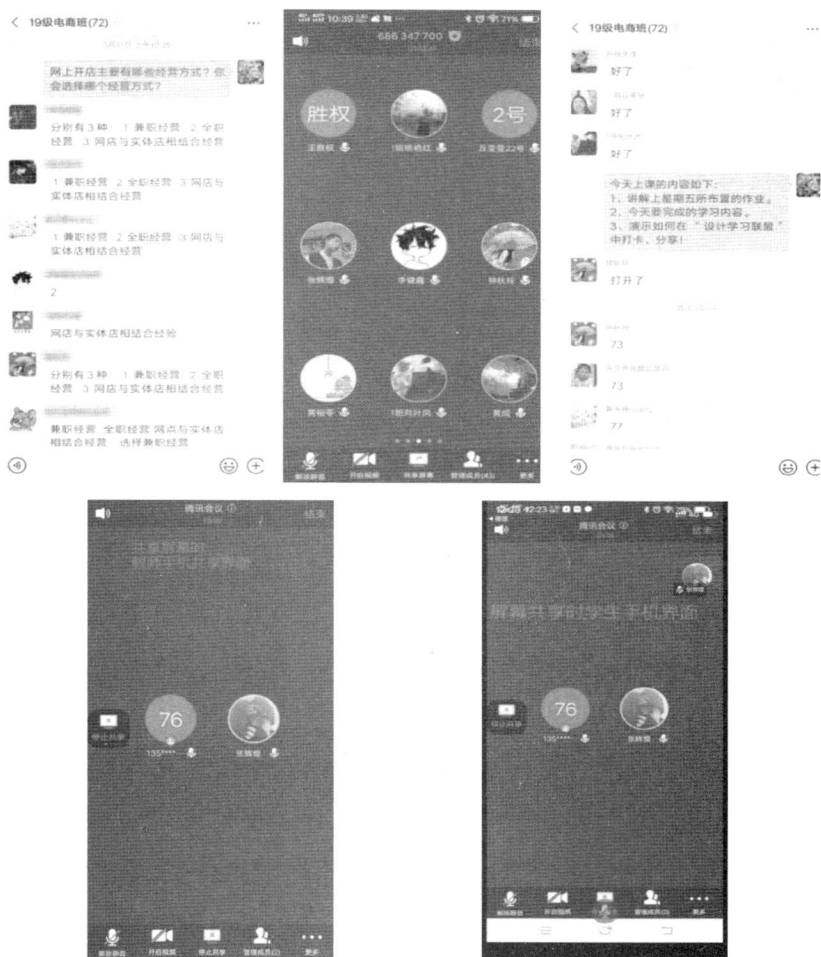

图 3-85　腾讯会议

习完成学习任务，其间如有疑难、不理解的，可私信或使用腾讯会议即时文字聊天室进行讨论解决问题。

　　在作业记录详情界面，教师可统计学生作业已查看、未查看、已交、未交人数和姓名；批改学生作业时可用文字评语或语音点评，也可用笔在作业图片上进行批改；还可对作业进行评优，配合奖励小红花激励学生的学习积极性。如图 3-86 所示。

a

b

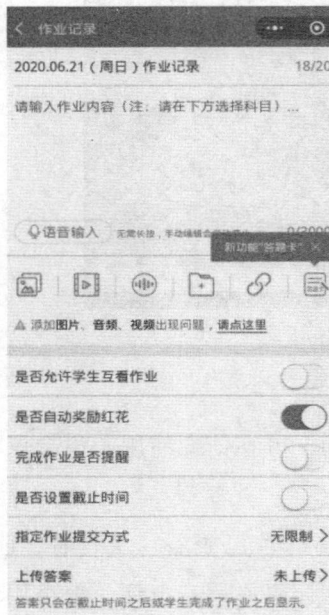

c

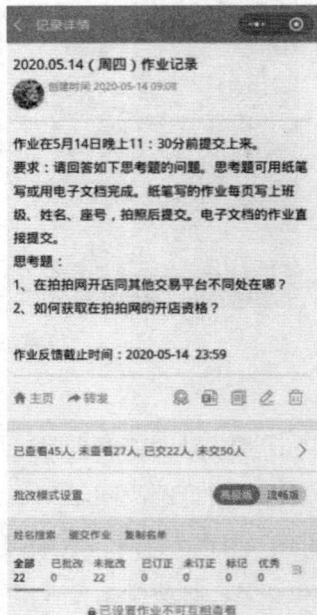

d

e

f

g

图 3-86 作业详情

## （四）班小二+腾讯会议混合模式教学的特点、优势及不足

### 1. 特点

（1）免费

班小二目前所有的功能对学校、教师、家长全部免费。2020 年 1 月 24 日起腾讯会议面向用户免费开放 300 人的会议协同功能，直至疫情结束。

（2）方便

班小二和腾讯会议都是微信小程序，不需要安装 App，在微信内即可使用。再也不用担心手机空间不足了。

点击腾讯会议微信小程序就可参与会议，但不能发起会议。

（3）安全

班小二基于微信生态，与微信同一安全体系，不需要导入班级通讯录资料，更不涉及任何用户敏感信息。腾讯会议采用 AI + Web 应用防火墙，有效抵御 OWASP 定义的十大 Web 安全威胁攻击。

（4）省事

班小二支持家委角色，助力教师更好地管理班级（整理相册、收缴班费、活动组织）。腾讯会议具有即时文字聊天功能辅助讨论，不干扰会议进程。

2. 优势

（1）培养好习惯

班小二让教师一键完成打卡主题创建，轻松掌握每个学生每天的打卡情况，还支持按周导出学生打卡明细 Excel 表。学生坚持打卡可奖励小红花，激励其养成好习惯。

（2）不会遗漏信息、消息

群消息太多，每天爬楼找信息，还是有遗漏。进入班小二首页，会高亮显示班级未读待办的消息。另外，只要关注班小二服务号，即可开启班级消息智能提醒，有新消息会第一时间提醒。

（3）记录学生的成长点滴，保存美好的回忆

班小二提供班级空间功能，方便教师、家长记录学生的成长点滴，还可以制作电子相册。

（4）使用设备简便

各个学生的家庭经济情况不同，并不是所有学生家里都有台式电脑或手提电脑，但每位学生都拥有智能手机。此种混合模式下的网络教学，只要拥有智能手机就能参与。

（5）实现实时互动

使用腾讯会议的会议功能，就像在线下教室中上课，教学中可即时进行语音或视频互动、交流。

3. 不足

①腾讯会议需要较强的网络信号支持。如学生所在地区网络信号较弱，则在网络课堂的过程中会出现因断线而自动退出会议的现象或进不了腾讯会议，在使用视频互动时会出现画面卡顿现象，影响师生的互动及学生学习的情绪和效果。

②班小二未提供在线测试这一功能，不能在经过一段时间的网络教学后通过测验检查学生最终的学习效果。

③在班小二中批改作业，教师需要点开每位学生上传的图片作业进行批改，费时、费眼、伤颈椎。

### （五）总结

随着信息化技术与教学的不断融合，转变了传统的教学模式，丰富了教师的教学手段，这一次因疫情而开启的各种模式"云上课"，使教师们迈出了网络教学的第一步，也为今后进一步的教学改革打下基础，促进了教学一线的教师们在信息化时代就如何更好地提高课堂教学进行有效的思考。

## 第四节 疫情下山区中小学在线学习的成效与问题

通过近3个月的全区性在线学习和学校班级个性化在线学习，梅县区"停课不停学"工作取得了积极成效，产生了良好的教学效果和社会效益，给社会、学校、教师、学生和家长都带来了积极影响和变化，真正体现了好的教育离不开社会、学校和家长的共同参与。本次"停课不停学"在线教学活动将会对梅县区今后的教育教学和教育信息化推广带来积极和深远的影响。

## 一、疫情下山区中小学在线学习的成效

### 1. 社会方面

本次梅县区"停课不停学"网上教学活动得到社会的广泛支持，在疫情面前，大家都不讲价钱，一切为了教育，比如希沃主动为梅县区免费提供直播平台和录播设备，两大运营商不仅免费提供云点播平台，还为直播学校拉专线、扩网速，其中电信免费为直播学校提升网速，由 500 兆提升至 800 兆、移动免费提供一条 800 兆宽带专供推流机房，两家本地爱心企业也免费提供录播设备和相关技术人员，其中参与录播和技术保障的人员多达 26 人，有力地保障了全区性网上教学活动的正常进行。

同时，网上教学也牵动着社会各界的心，为了使每位孩子都能收看网上课程，整个社会行动起来。教育局和社会各界通过各种方法解决全区无网络设备学生共 523 人，其中通过借用邻居、亲戚的网络设备进行学习的学生有 79 人，通过联系居委会解决的学生有 56 人，通过微信或电话指导解决的学生有 110 人，通过志愿者上门解决的学生有 59 人，发放或借用平板的学生有 140 人，借用电脑的学生有 2 人，借用电视的学生有 9 人，借用手机的学生有 68 人，确保全区所有中小学生都能上网学习，体现了满满的社会正能量。

### 2. 学校方面

不管是全区性统一在线直播教学，还是各中小学个性化班级在线学习，每所学校都积极参与其中，在全区性统一在线直播教学期间，学校是管理者，不仅要通知全校师生准时共同收看直播课程，还要建立学校各种微信群。班级个性化在线平台更多体现在对学生实行线上管理，比如入网学生统计、组织收看直播、布置作业、批改作业、答疑等。在全区统一在线直播教学退出后，学校既是组织者又是管理者，不仅要组织年级或班级的直播教学，还要完成上述管理任务。同时学校还要做到班主任和家长的实时在线联系，班主任和家长的联系比以往任何时期都要紧密，比如高三、初三毕业班的早上点名，由家长催促孩子起床锻炼和早读，进行网上

测试时，由家长进行监考和答卷拍照上传等，让家长参与到学校的管理当中，真正实现家校联动。

3. 教师方面

通过网上直播教学培养了一批优秀教师，尤其是年轻的骨干教师得到了锻炼，教师信息化运用能力得到显著提升。对参与录播老师而言，上网课和平时上课完全不同，教师对教学内容更难把握，所以教师往往为了备好一节网课要比平时备好一节常规课花费更多的时间，同时为了录制效果，有时要录上几遍才会满意。同时，随着全区网上在线学习由区统一直播教学转为班级个性化在线学习，全区中小学教师的工作积极性被充分调动起来，有压力就会有动力，原先教育局组织全区性统一网上教学，录课的教师只有几百人，现在由各学校自行组织在线教学，所有的老师都动起来了。不会网上教学的教师都在积极学习，在学习如何安装在线教学平台、如何进行网上直播、如何制作微课、如何制作课件等，所有教师都尽可能运用在线教学平台进行班级管理。通过在农村学校调研，发现很多老教师都会使用在线教学平台进行直播教学，有些自己不会网上直播的教师，也能选取推送相关课程的网络资源供本班学生使用，尽管存在各种不足，但绝大多数教师的信息化运用能力得到了一定提升。

4. 家长方面

在网上直播教学初期，由于没有复工复产，很多家长每天都参与其中，比如和孩子一起共同观看网课，有的家长还会帮孩子解答问题，有时还会对教师网上提出意见、建议，下课后监督孩子完成作业，并将作业拍照上传给教师。毕业班的家长有时还要担任监考员职责，在孩子进行网上测试时充当监考员，监督孩子考试，并将答卷上传给教师。家长成了学校的第二教师。

笔者通过电话访问和从班主任收集反馈意见分析来看，对网上在线学习持正面态度的家长数量要远远高于持负面态度的家长数量，大概占比为8∶2。持正面态度的家长认为，一是为了抗击疫情，为了孩子的健康，支持梅县区"停课不停学"工作，认为梅县区在线教学工作做得仔细、落实到位，又充分照顾了不同情况的家庭；二是改变了孩子假期无规律的作息习惯，通过上网课，孩子的作息更加有规律；三是每天直播教学有利于培养孩子的时间观念；四是家长认为学校利用个性化在线平台进行班级管理是对直播教学的有利补充，学生提交作业后教师能及时在网上批改，学生也能及时查阅，学习效率高。持负面态度的家长认为，一是一些家长认为网课时间一节课 20 分钟太短，讲述内容不够丰富、全面，孩子在家课余时间太多；二是一些家长建议开网课时间不要太长，怕影响孩子视力；三是还有不少家长要上班，手机被家长带走，孩子不能及时收看直播课程，白天又没办法监管孩子，很吃亏；四是有些家庭居住地手机信号或网络信号不好，孩子无法正常收看直播，会影响孩子的学习等。

5. 学生方面

通过对班主任的调查了解、通过对部分学生的随访发现，学生普遍喜欢网上教学，认为内容简单，听得懂，每天有很多时间进行锻炼和学习。通过对全区每天参加在线直播学习的师生人数进行统计，90% 以上的学生能坚持参加直播教学，100% 的学生能通过各种方式进行在线学习。学生普遍认为，上网课好的原因主要有：一是学生学习生活更有规律；二是每天安排固定的时间段分学科在线收看直播课堂，有利于夯实学科基础知识，等到开学后，各学科知识更容易得到连贯；三是每天安排的课时不多，学生有充足的时间学习、做作业和锻炼身体；四是培养了学生的自主学习能力和增强了学生的自控力；五是培养了学生利用信息化手段进行自主学习的能力，戒除一些不良网络坏习惯；六是自律性强、自觉性强的学生更喜欢网上教学；七是很多学生喜欢上网课，是因为上网课的教师年轻、有活力，课也上得好，而且还有很多不同的优秀教师给自己上课，学生能够从不同教师身上学到很多知识和优秀品质；八是因为有点播回看，学生不用担心直播课没听明白或来不及做笔记，并且可以选择不同回看方式，直到学会为止等。学生认为上网课不好的原因主要有：一是师生缺少互动，碰到不懂的问题没法及时提问；二是担心网课没听明白的地方，开学后可能不会再讲了；三是认为上网课老师讲得太快，没法记笔记；四是一章节知识内容由不同教师来讲,不同教师之间教学内容衔接不好(这种现象小学较多,因为小学安排讲授网课的老师多,而中学基本是以一章节或一个专题由一位教师进行上课,知识衔接相对要好);五是认为网课内容不够丰富,希望增加除语数英、政史地、物化生以外的其他学科内容;六是当自己自律能力不强时,上网课更容易走神;七是建议课间休息时间由 10 分钟增加至 20 分钟,让学生有更多时间消化吸收等。

## 二、发现的问题和思考

整个在线学习期间,我们也发现不少问题,有教学方面的,有直播方面的,也有对今后的影响等。

1. 教学方面问题

统一性在线教学时间太长不利于中小学教学管理,学生两极分化会越来越严重,好的越来越好,差的越来越差,同时不利于提升大多数教师的工作积极性,也不利于推动教师信息化运用能力。梅县区统一在线教学时间 2 个多月,时间太长,需要更早地进行班级个性化在线教学。

在教学管理方面,通过下校调研发现,城区学校的网课组织较好,校长、教师更重视在线学习,班级个性化在线学习的管理落实到位,比如学生每天平均各科作业提交率都达96%。而在部分农村中小学的教师访谈和教师手机 App 中的数据发现,学生每天作业提交平均只有 60%,班主任的学科达 80%以上,学生感兴趣的学科也能达 70%,但很多学科作业提交率不足 50%,主要原因是学校管理不到位,工作不落实,还与部分农村学生的自觉性较差和家长普遍重视不够有很大关系。

还有部分教师把握上课时间和上课节奏不准确,比如小学和初中部分学科教师在上网课时不是时间太短就是时间太长,时间太短讲授的知识太少或不够深入,时间太长学生学得又累,没有效果,而且讲得太长时间的教师大多是平时上课讲得多、教学方法单一的教师。这些都需要慢慢磨合和改变。另外,直播课程有时会出现知识性错误,由于每天需直播课程有近 50 节课,因此要求所有教师录课时一定要认真、仔细和负责,录完之后，要求所有教师必须用 U 盘拷贝一份视频回家审阅，发现问题及时重录，已上线的，发现问题要及时下架处理并重新录课后再上架。

2. 直播工作问题

一是直播网络稳定性问题，由于采用"云录播平台+第三方推流软件"的双云直播方式，RTMP 推流对网络的稳定性要求非常高，推流过程中网络不能掉线，否则直播会中断，中断了就会影响几千或上万名学生的正常收看，为了保证网络的稳定，专门拉了两条专线来保障机房的推流工作，在推流过程中不允许任何人在机房进行下载。同时在域名解析上也发现了问题，将 DNS 服务器地址设为 114.114.114.114 最为稳定，否则也会出现直播中断现象。二是直播工作人员的管理，因为有 24 台电脑同时进行视频推流，共有 12 位技术人员负责操作，这就要求每位技术人员在推流时一定要认真负责，不同电脑选择的视频文件一定要正确，并要时刻监控电脑推流情况，否则就容易造成直播课程错误或直播中断事故。三是要防止意外故障的发生，如收看直播或点播二维码期限设置时间太短，就会造成学生无法扫码收看，外网线路因施公作业造成线路中断，也会影响直播推流工作，包括录播主机参数的改变，都可能影响该录播主机直播及第三方推流直播，还有可能会发生串流现象。这几种突发情况在梅县区两个月的直播教学过程都出现过，就需要技术人员在现场进行紧急处理，因此想要保障在线学习工作的顺利进行，每一个环节都要认真对待，不能有一丝一毫的粗心大意，同时各部门还必须密切配合，并通过完善技术手段和工作纪律来进行防范。

3. 今后的影响

按广东省的要求，2020 年 4 月 27 日高三和初三复课，5 月 11 日其他年级分批次复课，回归正常教学后，有很多问题和影响必须认真考虑，首先是学科教学零起点问题，按省厅规定，需从零起点开始教学的年级如何避免炒冷饭、如何面对两极分化严重等问题，需要开学后认真研究。由于对网上教学学生的真实学习效果还有很大的疑问，可通过开学后进行质量检测来了解学生对知识的掌握，并通过分层教学来弥补网课的不足，网课内容掌握得好的学生可以继续学习新的知识，掌握得不好的或没有掌握的学生就需要对网课知识重新梳理。并要认真考虑对原年级学生重新分班是否更为有利，分班更有利于学校实施分层教学。其次是在线教学有利于今后基于云服务在线学习的推广和运用，通过本次在线教学，增强了教师信息化运用能力，增强了家长对网上教学的认可，也增强了家长对网络终端设备的投入，梅州城区 2020 年 2 月份购买电脑或平板的家庭近 2000 户，这为以后普及在线学习打下了良好基础。任何一项改革，只要抓住机遇，就能创造出一片新天地。